この国は95%の確率で破綻する!!

95% is the probability of our country's financial collapse.

浅井隆

第二海援隊

プロローグ

日本と日本国民を襲う悲劇とは

たった一つの要因で、国家がひっくり返ることがある。ましてや財政という国家の根幹をなす点で重大なトラブルが発生した場合、国民の生活は破壊され無残にも全財産を失う破目になる。それこそ、「国家破産」という大惨事である。ちょっと信じられない話だが、日本国の中枢で〝ある事態〟が進行しつつある。政治家や官僚の中でも地位の高い人々の中に、「この国はまもなく、間違いなく破産する」と思い始める人が続出しつつあるのだ。

これは、恐るべきことと言わざるを得ない。日本からの資産の海外逃避を真剣に考え始めた人々も少なからずいる。船が沈没する前にまずネズミが逃げ始めるように、国が破綻する前に中枢にいる敏感な高級官僚や政治家のトップたちが、まず逃げ仕度を始めたというわけだ。何も知らない国民こそいい〝ツラの皮〟というべきだろう。

太平洋戦争末期にもまったく同じことがあった。当時、満州にいた関東軍のトップは日本の敗色濃いことを察知し、自らの命惜しさのために本土防衛のためと称して最精鋭部隊を率いて日本本土にさっさと引き揚げてしまった。やがて残された多くの民間人（女と子供が中心）と老兵たちは、終戦直前の突然のソ連軍侵攻で悲惨な目に遭うこととなる。

いつも一番ひどい目に遭うのは、一般国民である。だからこそ、今回こそはあなたも本当の情報を早目に入手して、来たるべき大惨事から身を守るべきだ。すでにこの国の借金は、ＧＤＰの二〇〇％をはるかに超え、日々すさまじい勢いで増えている。日本があの全面戦争である太平洋戦争に負ける直前の昭和一九年（一九四四年）ですら、その額はＧＤＰの二〇四％であった。先日破綻し銀行預金封鎖をせざるを得なかったギリシャですら、その数値は一七六％くらいのものだ。ましてや、全国民を死の瀬戸際まで追いこんだロシアの国家破産における数値は、七〇％程度のものだった。

今の日本国政府の借金のレベルというのは、言ってみれば〝頭がオカシイ〟

というクラスのものであり、まさに狂気の沙汰である。ということは、その結果も当然のごとく悲惨そのものである。ここまでの借金をしてしまった以上、「徳政令」は必定であり、すさまじい円の暴落とハイパーインフレの後に預金封鎖、新円切換、そして、戦後の日本で課せられたとんでもない財産税があなたに襲いかかってくるはずだ。

アベノミクスという麻薬によって、国家破産の時期は本来発生すべき時よりも四、五年後にずれ込んだが、麻薬の効果が強かった分、副作用としてその後に起きる出来事の衝撃度はすさまじいものとなろう。

おそらく二〇二五年以降、私たちが想像もしたことがないような出来事が、ある日突然、襲いかかってくるに違いない。本書は、その日に備え読者であるあなたが生き残るための教科書として書かれている。この本の内容を元に万全の手を打たれて、あなたが生き残っていただければ何よりの幸せである。

二〇一八年七月吉日

浅井　隆

この国は95％の確率で破綻する!!――――目次

第三章　二〇二〇年、日本国債暴落

第四章　国家破産の全貌――国家破産で起きる六つの出来事

第五章　日本の借金と徳政令の話

第六章　究極のサバイバル

エピローグ

第一章　この国の財政の本当の状況

国を挙げての粉飾決算？

日本国の借金はますます増えているというのに、今回の事件（森友、加計とセクハラ事件）で財務省の信用は地に堕ち、その信頼回復に一〇年はかかると言われている。この混乱の中で、財務省は一〇年間財政再建も増税も言い出せなくなった。まさに地獄である。危機は、急速に迫りつつあるというのに。

そこで第一章では、日本国の財政がどれほど危機的であるか、その本当の姿をこの五年間の取材結果を元に、極めてわかりやすい形で読者にお見せしよう。

まず、財政学者のほとんどの人が認めるところだが、「事態は日々、時々刻々と悪化しており、もうどうしようもない状況」だということだ。ガン患者にたとえると「ステージ4の末期ガンで、どんな名医でも救えないような状況」という。それもそのはずで、一六～一七ページの図を見ればわかる通り、戦争以外でまともな先進国がGDPの二四〇％（これは中央政府である国と地方自治体の両方を合わせた数字）も借金をしたなどという例は、歴史上にも一切存在しない。

まさに狂気の沙汰だ。昔から世界のまともな経済学者や財政学者の間では次のようなことが言われてきた。「政府の借金はＧＤＰ比で六〇％以内であれば安全、九〇％は危険水準、二〇〇％は頭がオカシイほどのレベル」というものだ。

実際、この図を見るとそのことがよくわかる。一九〇五年終結の日露戦争のところを見ると、ＧＤＰの六〇〜七〇％のところで当時の日本のトップたちは講和にもちこんで戦争をやめている。また太平洋戦争の前後を見ると、太平洋戦争に突入した昭和一六年（一九四一年）でも政府の借金は八〇〜九〇％程度であり、現在の二四〇％というのがいかに異常なものであるかがよく理解できる。その後、太平洋戦争末期の昭和十九年（一九四四年）に二〇四％に達しており、二年後の昭和二一年にある意味徳政令のような政策を断行している。

また、最近破産し預金封鎖をせざるを得なかったギリシャでさえ、現在の借金は一七六％程度のものである。また、二〇〇八年頃年率一兆％のハイパーインフレに突入し、その後国家も通貨も崩壊したアフリカのジンバブエのハイ

債務残高GDP比推移

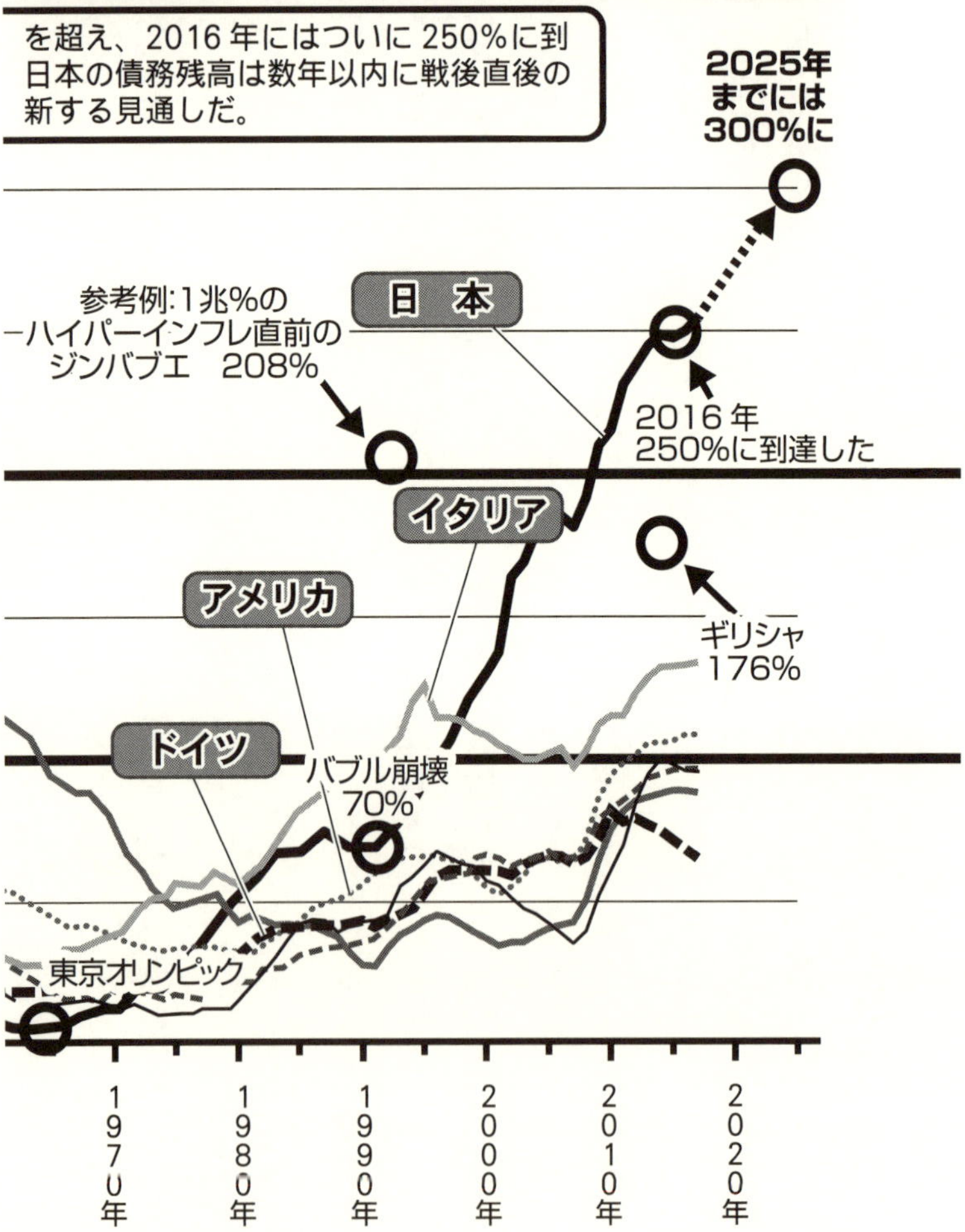

ＩＭＦのデータを基に作成
※日本、アメリカ、ドイツ、フランスは一部データが欠如している時期がある。

日本と主要国の

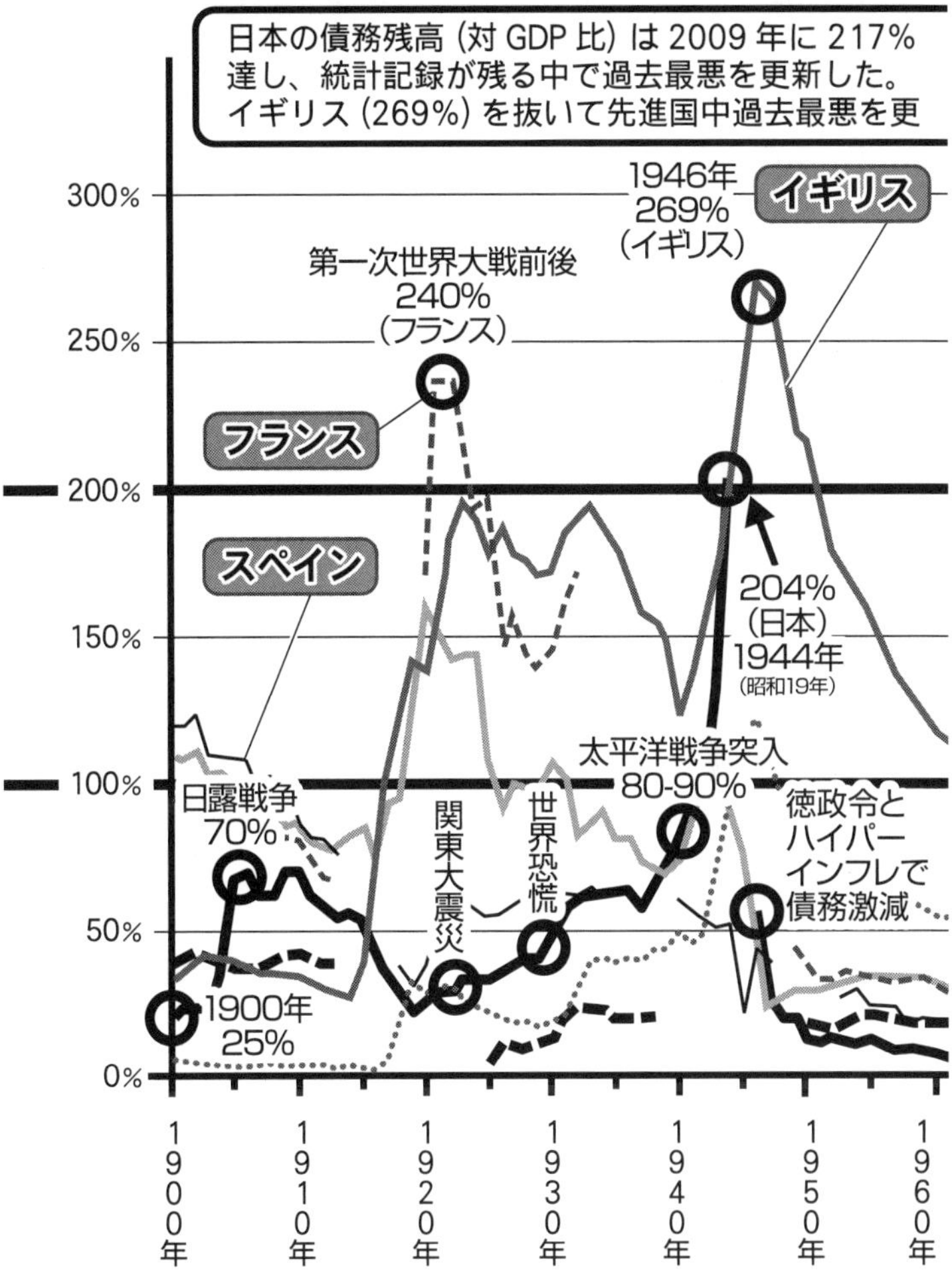

※この図は政府の GDP 値の改訂前の数字で計算しているため、最新の数字が 250%となっている。

パーインフレ直前のＧＤＰ比は二〇八％である。

最近、日本国政府はこのＧＤＰ比をごまかすために信じられない手を打った。なんと、数値のとり方をかえてＧＤＰをカサ上げしたのだ。その結果、見かけ上政府の借金は二五〇％→二四〇％へと一〇％も減った。まさに、歴史に名を残す粉飾決算だ。しかし、二〇〇％を超えていることに何も変わりはない。しかも借金は日々増えており、〝夢の三〇〇％〟へ向けて死の行進を続けている。やはり、「もうどうしようもない状況」なのだ。

では、現在のシステムが破綻する確率はどのくらいと言ってよいのか。取材の結果言えることは、「九五％の確率」だということだ。これを、どう考えたらよいのか。たとえば、皆様が急用でアメリカへ行かなければならなくなったとする。あなたの命の恩人とも言うべき叔母が、脳こうそくで倒れたのだ。急いで航空会社へ電話して当日券をとり、スーツケースに荷物を叩き込んでタクシーで成田空港に向かう。途中、高速道路の事故渋滞で冷や汗をかいたが、カウンターが閉まる寸前になんとか成田にたどり着いた。「そこをどいて！」と叫びながら空港内の長い通路を全速力で駆けてゲートへ突進した。

　飛行機のドアが閉まる寸前に、なんとか目的のＮＹ便にたどりついた。息を切らして乗り込もうとすると航空会社の美人ＣＡにエリ首をつかまれ、美しい微笑みと共にこう告げられた。「お客様、無事間に合ってよろしかったですね。最後の搭乗客のあなたが着席したら、すぐドアを閉めて滑走路に向かいますが、この飛行機は離陸直後に九五％の確率で墜落します‼」と。あなたはこの飛行機にそのまま乗り込むだろうか。私ならすぐ降りて別の便に乗りかえる。この国の借金は、そのくらいヤバイ水準に到達しているのだ。

政府中枢の張本人たちはどうするつもりか

　では、肝心の日本国政府の中枢にいる人々は本当はどう思っているのか。この五年ほどの取材でわかったことは、日本の中枢にいる政治家や官僚の中でもまともで頭の良い人々の大半は「この国がもう間もなく破綻することに気付いている」ということだ。元防衛大臣で将来の首相候補の一人とされる石破茂氏も「財政と防衛の二つにおいてこの国はとんでもない状況となってしまった。この国が破綻した時、誰が総理になっても、相当の覚悟で取り組まないとなりません」と私に本音をもらした。

さらに、今回の一連の事件で混乱している財務省の幹部たちは本音ではどう思っているのか。実は彼らも「もう普通の財政再建では無理だ」と考え始めている。ここで気をつけて欲しいのはこの普通の財政再建という言葉だ。つまり、今までのような時たま思い出したようにやる消費増税程度では、とても無理だということだ。ということは、普通ではない方法によって借金を減らすしかないということだ。

とすれば、もはやハイパーインフレか徳政令しかないことになる。かつてのドイツや最近のジンバブエのような、一年で一兆％などという気の遠くなるようなハイパーインフレではないかもしれないが、かなりのインフレを覚悟しないといけないだろう。しかも、すさまじいインフレになれば円の預貯金はいいとも簡単に紙キレになってしまうので、人々は自分の預貯金を引き出して海外へ送るか現物資産に換えようとする。取り付け騒ぎの発生だ。

しかし、そうなったら全銀行（ゆうちょ含む）が潰れてしまうので、政府は預金封鎖を断行するだろう。最悪の場合、ロシアのように銀行の貸し金庫に入れておいたものもすべて取られてしまうかもしれない。

そうした中で、すでに次のようなことが水面下で始まっている。政府中枢の人々の中にも、自分の財産を守るために秘かに海外に財産を移したり国家破産への対策を打ち始めている人が出始めているのである。それもこの一、二年のことだ。いよいよだと感じ始めたのだろう。客船が沈む前にまず敏感なネズミが気付いて逃げ出そうとするように、政府そのものの中にも沈没に気付いて逃げ支度を始めた頭の良い人々が出てきたのである。知らぬは国民ばかりなり。

ところで、アベノミクスの登場によって毎年莫大な量の国債を買わされている日銀は、本当に大丈夫なのだろうか。なぜ、私が日銀のことを心配するかというと、もし日銀自体がヤバイことになってその信認がゆらいだら、円の価値が急落するからだ。すさまじい円安とハイパーインフレの登場だ。

では、その日銀の現状はどうか。実は「日銀は事実上、債務超過となっている」のだ。しかもこのまま行くと、債務超過がどんどん増えて行く。世の中には、「日銀が国債を買っているので、いくら政府が借金をしても大丈夫」というような議論があるが、まったくあり得ない話だ。日銀が国債を買おうが買うまいが、結論として国民の借金であることに何の変わりもない。借金が減るわけではない。肩代わりと言っても、同じ政府部内で形だけ借金を移しただけだ。

もっとわかりやすいたとえ話で言うと、同じ一つの家計内でダンナの借金のカタを女房が買い取っているようなもので、家計のバランスシートとしては何も変わっていないし借金が消えたわけでもない。

日銀の中堅幹部たちは、「このまま行ったら、日銀そのものがどうなるのか」と暗たんたる気持ちに陥っているという。確かに、アベノミクスで日銀に国債をバンバン買わせ、ゼロ金利に近い状況が生まれてローン金利も下がり、政府系金融機関などもどんどん見境なしに貸し出している。世界経済も好調なので

国家破産した国の様子

2002年1月、アルゼンチンのブエノスアイレスでは、子供を連れた若い女性が道端で物乞いをしなければならなかった。
（写真提供：REX/PPS）

2010年5月、ジンバブエの首都ハラレの中心街で物乞いをする老女。かつてハラレはアフリカでもトップクラスの大都会だったが、国家破産で荒廃し多くの国民が没落し、全財産を失った。
（浅井隆撮影）

八年前に比べたら景気も大分良くなったし、株や東京の不動産が大分上がって、一部ではミニバブル的様相を呈している。しかし、実はこの先が恐い。先ほどのツケが回ってくれば、将来大変なことになるのだ。

しかも、二〇一七年度予算では、借金の額を見かけ上減らすために、政府は粉飾決算を始めたのだ。そのことは日経新聞をはじめ各新聞にも出ていた。今回、加計・森友問題とセクハラ問題が大々的に報道されたので国民はそちらにばかり気がいってしまっているが、そのカゲで実はこうした大変な問題が進行しているのだ。「大切な財産が消滅するかもしれない」という重大な問題に、私たちは直面している。

政府がもくろむこと

取材をさらに進めると、次のようなこともわかった。官邸と財務省の一部は、実は「物価を上げて国の借金をチャラにしたい」と秘かに思っている。つまりインフレになれば、国民の資産は大きく目減りするが、その分国の借金も目減りする。国民の負担で国の借金を返済するという意味で、一種の税金と見ることもできるため「インフレ税」と専門家の間では言われている。

そのシナリオは、次のようなことになる。何らかの理由でインフレが発生する→すると金利が上がる→国の利払い費も増えるため、財政再建が不可能になる→国民がそのことに気付き、円の信認が落ちる→インフレが政府・日銀に止める気があったとしても止められなくなる→最悪の場合、ハイパーインフレが日本国内で巻き起こる、というものだ。

日本だけでなく、世界中の政府が借金を増やし世界中の中央銀行が市中に紙幣をバラ撒いているため、将来どこかの時点で必ず世界的インフレがやってくることだろう。その時、日本だけでなく他のいくつかの政府も破綻するだろうが、日本が一番ひどい目に遭う可能性が高い。

そこで、私が一昨年取材して本にも書いた、あの法政大学の小黒一正教授の言葉を思い出したい。元財務省官僚でその後財政学者になった同氏は、本当の

この国の財政の本当の状況

⑦ 日銀が日本国債を
買おうが買うまいが、
国民の借金であることに
何の変わりもない。
借金が減るわけではないし、
一時しのぎにすぎない

⑧ 財務省の幹部も
「もう普通の財政再建では無理」と
考え始めている

⑨ 2017年度政府予算で
ついに政府は粉飾決算を始めた

⑩ 官邸・財務省の幹部の一部は
本当は「物価を上げて債務を
返済したい」と思っている

⑪ 将来、この国は徳政令をやる
可能性がある

⑫ 結局、金利が上がったら
この国はもうオシマイ

直近5年間の取材でわかった

①日本の財政(借金)はもう
どうしようもない状況

②ガン患者に例えると
「どんな名医でも、
もう救えないような状況」
末期ガンのステージ4といってよい

③日本国が破綻する確率は
「95%以上」

④外務省から財務省にいたるまで
日本国政府の中枢にいる人々で、
ある程度頭のいい人は全員
「この国が破綻する」ことに
すでに気づいている

⑤そうした政府中枢の人々の一部は
すでに財産を海外に移したり、
外貨建てにし始めている

⑥日銀は事実上、
債務超過となっている

ことを勇気をもって言う財政学者として有名だが、かつて私に次のような恐るべき言葉をなげ放った。「浅井さん、政府がいざとなったらどうなるかを知っていますか」。私が「えっ？」と言うと、小黒教授はすかさず「暴力装置です」と言ったのだ。私は思わず息をのんだ。つまり、政府が借金で行き詰まったら、暴力的な権力を発動してなんでもやる、ということだ。

その通りかもしれない。七〇年ほど前のあの事件を思い出してほしい。太平洋戦争に敗れ、その時の借金でどうしようもなくなった日本国政府は、敗戦翌年の昭和二一年の冬に突如、預金封鎖を断行、それと合わせて新円切換も行ない、全国民の資産を把握した上で最高税率九〇％という財産税をかけてきた。しかも、すさまじいハイパーインフレが日本全土を吹き荒れていたために、二年半後の預金封鎖解除時にはその預金は、文字通り紙キレと化していたのだ。

その時政府は、自分の借金を減らすために国民の財産を奪うという「暴力装置」と化したのだ。小黒教授も自らがかつて政府中枢にいただけに、歴史的事実もふまえて政府の本質を見抜いていると言ってよいだろう。

しかも、今回の日本国政府の借金の増える理由は、前回とはまったく様相が異なる。前回の太平洋戦争の時は文字通り戦争による借金だったため、戦争が終われば借金が増えることはなかった。しかし、今回は違う。少子高齢化に伴う社会保障費の増大によるもので、これだけは誰にも止められない。このまま行けば、前回を上回るとりかえしのつかない額の借金に到達する可能性が高い。

この国の衝撃的な未来に備える

そして、その時に何が起こるのか、考えるだに恐ろしい。しかも、安倍政権下での財政再建は不可能だろう。安倍首相に財政を再建しようという意志は、まったく感じられない。むしろ彼は、国民に甘いことを言いバラ撒きによって次の選挙に勝とうという、ポピュリズム志向の政治家だ。国民に厳しいことを言ってつらい改革をやろうという気は、毛頭ない。

ということは、この国の将来はすでに決まったということだ。太平洋戦争と一緒で完膚なきまでに負けるまでやめられないだろう。であれば、私たち国民は備えるしかない。将来の国家破産に向けて、かつての例をくわしく研究し、その結果を元に生き残りの手段を見つけ出して、それをなるべく早く実行することだ。それ以外に手はないのだ（生き残りのノウハウを教える会員制クラブについては巻末二五六ページを参照していただきたい）。

最後にかつてあのジョージ・ソロスと組んで世界一のクォンタムファンド（年率平均三五％を叩き出し、二十数年で元本を二〇〇〇倍にした）を作り出したジム・ロジャーズは、今の日本について次のようなことを警告している。「あの安倍首相が日本を破滅させる‼　日本人は治安悪化に備えて、銃で武装すべきだ」。つまり、国家破産によって日本国内はグチャグチャになり、銃で武装しないと自分の財産も命を守れないほどに治安が悪化するというのだ。

この世界一の投資と経済の天才の言葉を、あなたはどう受けとめるだろうか。これが、二〇三〇年の日本の姿かもしれないのだ。

第二章　二〇二五年、ついに徳政令発動！

復活する資本規制

想像してみて欲しい。今からおよそ七年後の二〇二五年一〇月一四日の朝、何の前触れもなくすべての銀行が営業を停止している事態を。

急ぎスマートフォンを開いてニュース・サイトをチェックしてみると、こんな文字が躍っている――「日本政府が銀行休業を宣言」。ニュースの本文には、「日本政府が財政非常事態宣言を発令。それに伴い金融庁が複数の資本規制の導入を発表。金融庁は日本のすべての金融機関に対し、一四日（火）から一九日（日）までの間、入出金を含めすべての窓口業務を停止するよう命じた」と記されていた。そして本文を辿って行くと、実施された資本規制の詳細が記載されている。それは左記のようなものであった。

■一〇月一四日から一〇月一九日の間、入出金を含むすべての銀行の窓口業務を停止する。ネットバンキングもこれに準ずる

■ATM（現金自動預払機）での現金引き出しは一日五〇〇〇円を上限とする
■国内で発行された各種クレジットカード、デビットカード、QRコードシステム、仮想通貨による決済は一日三〇〇〇円を上限とする
■国外への現金の持ち出しは、一人当たり二〇万円を上限とする
■国内で発行されたクレジットカードの海外における月間使用額は五〇万円を上限とする

言うまでもなく、この唐突に発表された資本規制は日本中をパニックに陥れた。ATMには行列ができ、現金の枯渇する機械が続出。小売店が現金の確保を目的とし、各種カードやQRコードによる決済を拒否したことから、食糧の調達にすら支障を来たす国民が後を絶たなかった――。

これはあくまでも空想に過ぎないが、世にも恐ろしいことに近年ではこのような資本規制の導入を余儀なくされる国家が増えてきている。一九九〇年代以降ではマレーシア、アイスランド、キプロス、ギリシャなどが厳格な資本規制を導入した。

こんな忠告をした人もいる。世界がキプロス危機に揺れていた二〇一三年四月一日、米ブルームバーグの著名コラムニストであるジョナサン・ワイル氏は、次なる発火点と目されていたスロベニア国民に対してこのようなアドバイスを送った——「スロベニアの銀行に数十万ユーロの預金を持つ国民がやらなければならないことは、少なくとも二、三の異なる銀行に預金を分散させるか、可能なうちに国外に持ち出すことだ」（ブルームバーグ二〇一三年四月二日付）。ワイル氏のアドバイスには一貫したメッセージが込められていたのだが、それは次のセリフに端的に表れている——「自分の金を守るために手を打つべきだ。政府が守ってくれるなどと、ゆめゆめ信じてはならない」（同前）。

結果的にスロベニアの銀行は最悪の事態（銀行閉鎖）を免れたが、前述したように資本規制が導入されるケースが明らかに増えてきている。

まず基本を抑えておくが、「資本規制」とは平時や危機を問わず自国内の金融機関から急激な資本の流出を阻止するための制限（措置）のことだ。具体的には、銀行閉鎖（バンクホリデー）、銀行からの引き出し制限、海外への持ち出し制限（海外送金規制）、そして外国人投資家による国内へのアクセスを制限するといったものが代表的な手法として挙げられる。

こうした資本規制という概念は、主要国における資本のグローバル化が達成された一九八〇年代以降、経済学的に異端と見なされるようになった。理論上、資本の自由な移動は資金がもっとも必要とされている場所に最適な価格で流れることを可能にする。

その反面、資本規制の導入は中長期的に自国への資本流入を減少させる（ひいてはそれが経済の停滞につながる）と考えられることから、西側諸国では資本の開放を（肯定的な意味で）絶対視している向きが多い。ご存じのように、現在でも厳格な資本規制を施行している中国などに対して、西側諸国は資本を開放するよう絶えず要求している。

一九九〇年代のアジア通貨危機の際も、ＩＭＦ（国際通貨基金）に代表される西側の〝指導者〟は管理下に置いた国々にさらなる規制緩和を要求することで危機を打開しようとした。国外との資本の流出入をより活発化させることで経済成長を促し、債務などの諸問題を解決に導こうという考え方である。

長らく経済学的に異端と見なされてきた資本規制だが、ある二つの出来事を経て近年ではその有効性に脚光が当たるようになった。その二つの出来事とは、アジア通貨危機におけるマレーシアの対応、そしてユーロ圏の債務危機である。

外国人投資家を犠牲にしたマハティール首相

「ソロス・マハティール論争」をご存じだろうか？　これはアジア通貨危機の際に著名投資家のジョージ・ソロスとマレーシアのマハティール・ビン・モハマド首相（当時）が繰り広げた資本規制の導入を巡る〝舌戦〟のことを指す。端的に言うと、前者のソロスは資本規制の導入を非難する立場であり、マハティール首相は資本規制を支持する立場であった。

ここで、簡単にアジア通貨危機をおさらいしたい。一九九〇年代初頭、東アジア諸国は有望な成長セクターとして世界中から資本が流入した。その当時はまさにマネーが国境を越えて移動する〝グローバル時代〟が幕を開けた頃であり、日米欧といった先進国発のグローバル・マネーがアジア諸国へ押し寄せたのである。この当時、アジア諸国のほとんどが自国通貨と米ドルの為替レートを固定するドル・ペッグ制を採用していた。しかも、プラザ合意後の為替はドル安（円高）が基調であったため、最大のライバルである日本の輸出競争力が低下、アジアの国々は総じて輸出ブームを謳歌したのである。

しかし、一九九四年二月に米国の金融政策が引き締め（利上げ）に転じたことによってブームに陰りが出始める。ドル高が進展するにつれ、ドル・ペッグを採用していたアジア諸国の通貨も上昇、次第に輸出競争力が低下して行った。実際、一九九五年は前年比で二〇％〜三〇％の成長率を記録していたアジア各国の輸出が、一九九六年には一変して伸び率がわずか数％程度にまで低迷することとなる。

ここにソロスが目を付けた。ドルにペッグしていたアジア各国の通貨が、「高過ぎる」と判断したのである。そして、もっとも輸出が減少していたタイのバーツに目を付け、一九九七年五月一四日を皮切りにバーツを売り浴びせた。タイ中央銀行は外貨準備を駆使し必死に抵抗したが、結局は外貨準備が枯渇したことによって変動相場制への移行を余儀なくされたのである。

バーツ危機はすぐさま他国へも飛び火し、インドネシア・ルピアは八五％、韓国・ウォンは五〇％、マレーシア・リンギットは四〇％、フィリピン・ペソは四〇％、シンガポール・ドルと台湾・元は二〇％、それぞれ高値から下落した。この間、タイとインドネシア、そして韓国にＩＭＦ（国際通貨基金）が介入している。

ＩＭＦはマレーシアにも介入しようとしたが、それを断固として拒否したのがマハティール首相であった。マハティール首相はＩＭＦの支援について「支援を受け入れれば植民地に逆戻りする」と明確にこれを拒否、ＩＭＦが提示した案（資本の対外開放）とは真逆の資本規制を突如として導入したのである。

資本規制に対して西側諸国は一斉に非難を展開したが、マハティール首相は自国通貨（マレーシア・リンギット）の暴落がソロスら〝外国人勢力〟によるものだとし、規制の導入を正当化した。実際、マハティール首相は「（ソロスは）大金を持った馬鹿だ。不要なうえ非建設的で不道徳な利益を得るために、マレーシアの通貨リンギットを標的にした。（ソロスら一部の）ユダヤ人は、イスラム教徒が進歩を遂げるのを見るのが面白くない」（フィナンシャル・タイムズ二〇一七年七月四日付）とソロスを名指しで批判、貿易取引を伴わない為替取引は違法にすべきだと資本規制の導入を主張している。

これに対してソロスは、マハティール首相の非難には根拠がないと応酬し、資本規制の導入は破滅につながると反論した。

この一連のやりとりこそが、現在でも語り継がれているソロス・マハティール論争の概略である。当時のマハティール首相は、世界中からの批判をものともせずに資本規制の導入に踏み切った。では、マレーシアで導入された資本規制とは具体的にどういったものであったのだろうか？

それは端的に言うと、外国人投資家に厳しい制限を課すものであったと言える。英ロイター（二〇一五年九月二八日付）は、資本規制について「資本規制は、まず国内銀行の預金や輸出企業に課される場合が多い。ただ外国為替レートや銀行間取引の凍結により、外国人投資家は資産の流動化や銀行預金の引き出しが難しくなる状況に直面する可能性がある」と説明しているが、マレーシアの資本規制は主に海外投資家をターゲットにしたものであった。もちろん自国民にも多くの制限を課したのだが、ここでは特筆すべき点として、主に外国人投資家のリンギットへのアクセスを制限したものに焦点を当てて行きたい。

マレーシアの外国人投資家に対する資本規制は、一九九八年九月一日から段階的に実施されたのだが、具体的には左記の通りである。

■一九九八年九月一日

・リンギットの対ドル相場を固定（一ドル＝三・八リンギット）。

・非居住者はマレーシアへの投資後一二ヵ月間は流出不可。

■一九九九年二月一五日

・一九九八年九月一日～一九九九年二月一五日までの海外からの投資は、流出時に投資後七ヵ月未満のものは三〇％を、七ヵ月から九ヵ月までのものは二〇％を、九ヵ月から一二ヵ月までのものは一〇％を元本から徴収。

・一九九九年二月一五日以降の資本投資は、流出時一二ヵ月経過していないものに三〇％、一二ヵ月経過したものには一〇％を利息から徴収。

■一九九九年九月二一日

・一九九九年二月一五日以降の資本投資は、流出時に利息のうちの一〇％を投資期間に関係なく徴収。

■二〇〇一年一月二二日

・二〇〇一年二月一日以降、一年以内の資本流出のみ利息から一〇％を徴収。

マレーシア・リンギットが急落してから、ＩＭＦはマレーシア政府に対し緊縮財政、金融政策の引き締め、外国資本の規制緩和、金融機関の整理を推奨したのだが、同国はこれを無視して積極財政、金融政策の緩和、そして外国資本の規制強化を実施したのである。当然、外国人投資家や西側メディアは反発の声を上げた。

新自由主義とグローバリズム（国境を跨ぐ資本の移動）を絶対視する西側メ

ディアの代表格として知られる英エコノミスト誌は、ＩＭＦを受け入れたインドネシアを称賛する一方、マレーシアの対応をこき下ろす論説を掲載している。また、前述したようにソロスも外国資本の規制はマレーシアへの中長期的な資本流入を鈍らせることから同国の姿勢が破滅につながると述べ、マハティール首相との舌戦を繰り広げた。

マレーシア経済大復活の理由

ところが、マレーシアの資本規制は意外な結末を迎えている。なんと、西側の予想とは裏はらに、見事な復活を果たしたのだ。ＩＭＦから酷評されたマレーシア経済であったが、同国の実質ＧＤＰ（国内総生産）成長率は危機の真っ最中であった一九九八年にマイナス七・三六％にまで沈んだものの、翌年の一九九九年にはプラス六・一三％、二〇〇〇年にはプラス八・六七％とＶ字回復を記録したのである。

これに対し、ＩＭＦのお世話になったタイの同期間の成長率はマイナス七・六三％（一九九八年）、プラス四・五七％（一九九九年）、プラス四・四六％（二〇〇〇年）。インドネシアは、マイナス一三・一三％（一九九八年）、プラス〇・七九％（一九九九年）、プラス四・九八％（二〇〇〇年）。韓国はマイナス五・四七％（一九九八年）、プラス一一・三一％（一九九九年）、プラス八・九二％（二〇〇〇年）というものであった。

韓国がもっとも急激なV字回復を果たしたわけだが、英エコノミスト誌が称賛したインドネシアよりもマレーシアの方がより速い回復を成し遂げたのである。タイとの比較においても、タイでは通貨危機に有効な対策を打てなかったためにチャワリット・ヨンチャイユット首相が退陣に追い込まれた反面、マレーシアは政治的な混乱を免れた。

このマレーシアの成功例こそが、資本規制を絶対悪とする論調に変化をもたらしたのである。この、外国人投資家を犠牲にして自国民の利益を最大化させたマハティール首相の姿勢（現代で言うなればマレーシア・ファーストといったところか）を率直に評価したい。良くも悪くも危機を乗り越えたマレーシアは、現在、東南アジアでは随一の経済大国として君臨している。

ただし、そのこととは別に、外国人投資家に対して厳格な規制が課せられたという事実も極めて重要だ。当時のマレーシアに投資していた外国人は明らかに割を食っている。持ち出し制限は段階的に撤廃されたものの、危機から長期間にわたり元本や利益の一部分を徴収され続けたのだ。自分に立場を置き換えると、まさに怒り心頭である。

私の読者の中には、日本国の財政リスクを考慮して海外への投資を実践している人も少なくないと思うが、そういう人達はマレーシアの資本規制からしっかりと教訓を汲み取らなければならない。それは単純な話、海外投資は場合によって持ち出しが制限される事態に直面するというものだ。特に、資産の大部分を新興国へ投資している人は注意が必要である。

繰り返しになるが、ロイターが「外国為替レートや銀行間取引の凍結により、外国人投資家は資産の流動化や銀行預金の引き出しが難しくなる状況に直面する可能性がある」と論じたように、資本規制のリスクを頭の片隅に置いておかなければならない。

しかも、近年は資本規制の有効性が見直されてきている。前出のロイターはこうも述べていた――「資本規制についての考えは、ブラジルなどの国が景気拡大局面で通貨が過度に高くなるのを阻止する動きを国際通貨基金（ＩＭＦ）が黙認したこともあり、近年に変化が生じている。資本規制は時代錯誤どころか、近年にアイスランド、キプロス、ギリシャで導入されている。経済規模が比較的小さいアルゼンチンやウクライナも資本規制に踏み切っている」（ロイター二〇一五年九月二八日付）。

米ウォールストリート・ジャーナルも、「新興諸国による資本規制、再現される可能性も」（二〇一八年五月一一日付）と題した論説で投資家に注意を促した。記事は、先のマレーシア総選挙で首相の座に返り咲いたマハティール氏の「危機の最中には外国人投機筋を犠牲にする」という姿勢が、以前ならば経済学的に異端と見なされていたものの、近年では各国の内向き志向が強まっていることもあり「社会通念に近づいた」と指摘する。そして「資本規制の有効性に関する証拠は不十分」だとしながらも、「マハティール政権以降、IMFでさえ資本流出の抑制は開発途上国にとって有効な措置になり得ることを示唆してきた」とし、記事の掲載時点でアルゼンチンやトルコなどが資本流出の危機に瀕していることから、「投資家はぜい弱な国々で予想よりも早期に厳しい資本規制に直面するかもしれない」と断じた。

超長期にわたる日本の低金利に嫌気が指して、相対的に高金利である新興国への投資を好むミセス・ワタナベ（日本人個人投資家）は少なくない。しかし過去の経験から、新興国は危機に陥った際は外国人投資家を犠牲にする厳格な資本規制を容赦なく導入し得る、ということを念頭に入れておく必要がある。

やはり、海外投資の際は優先的に先進国を選好すべきだ。その際の選定基準は、国家財政が健全だということに尽きる。しかし残念なことに、現在の先進国の多くは債務まみれの状態だ。実際、ユーロ圏の債務危機ではアイスランド、キプロス、そしてギリシャで資本規制が導入されている。

そこで次項では、ユーロ圏で導入された資本規制から教訓を読み取りたい。

銀行預金凍結、課税まで

「核爆弾が落ちたようだった」——地中海上に位置するキプロスの首都ニコシアに住むシモス・アンゲリデス氏は、二〇一三年三月一六日の朝に流れた「（キプロス）国内の銀行預金への課税に指導者らが同意した」というニュースを見た時のことを、米ブルームバーグ（二〇一三年三月二九日付）でこのように表現した。この日のアンゲリデス氏は、ガールフレンドであるイオナ・コンスタンティヌさんと週末をロンドンで過ごすために早朝から荷物の準備に追われていたという。

ガールフレンドのコンスタンティヌさんは、ノートパソコンを開いてフェイスブックにログインした時のことを「何が起きているのかと驚いた」と振り返った。なんとフェイスブックには、預金封鎖による人々の〝叫び〟が相次いで投稿されていたのである。

二人はロンドンへのフライトを急きょキャンセルして預金が無事かどうかを確認するために銀行へと走った。しかし銀行は閉鎖しており、ようやく窓口が開いたのはその一二日後のことである。アンゲリデス氏はその当時、「キプロスは住む人もない廃墟の国なるのではないか」（同前）と真剣に案じたという。

二〇一三年に起きたキプロス・ショックは、この現代でも預金封鎖が起こり得るということを世界中の人々に知らしめた。

キプロス経済はオフショア・バンキング（低税率を利用した資本流入）に依存して成り立っていたのだが、同国の銀行がギリシャの国債を大量に保有していたため、二〇一〇年から始まったギリシャ危機が伝播してしまったのである。そして大手銀行が破綻の危機に瀕したため、二〇一三年三月一六日からユーロ圏では先例のない金融システムの停止措置が導入されたのであった。

この措置により、キプロスの銀行は同年三月二八日まで営業を完全に停止。当然のごとく、キプロスの市民生活は大混乱に陥った。

銀行の営業が再開するまでキプロス市民が預金を引き出すために使用できた手段はＡＴＭ（現金自動預払機）のみ。しかも引き出し制限も課せられた。預金残高で国内一位のキプロス銀行、そして二位のライキ銀行については一日に引き出せる額が一〇〇ユーロ（約一万二七〇〇円）に制限されたのである。

クレジットカード、デビットカード、小切手での決済は有効であったが、ほとんどの商業機関が信用の失墜した大手銀行の発行する各種カードや小切手での決済を拒否したことで、事実上、現金のみが唯一の決済手段となった。すると市民は現金の枯渇を恐れて節約に励むようになり、その結果としてガソリンスタンドやレストランなどの商業施設では、仕入れに必要な現金を賄いきれない店舗が続出したのである。

銀行は二〇一三年三月二八日にようやく営業を再開したが、その間にキプロス政府はＥＵとＩＭＦと厳格な資本規制を導入することで合意しており、国民には新たな規制が課せられたのであった。その詳細は、左記の通りである。

・外国への電信送金の禁止

・国外への現金持ち出し一人一〇〇〇ユーロが上限
・小切手の換金は禁止（口座への入金は可）
・海外でのクレジットカードの月間使用額は五〇〇〇ユーロが上限
・銀行窓口、ATMでの現金引き出しは一日三〇〇ユーロが上限
・五〇〇〇ユーロ以上の商取引はすべて中央銀行が精査

銀行が休業している間、キプロス政府は一〇万ユーロ（約一三八〇万円）以上の預金者に特別税を課した。その詳細は、左記の通り。

■キプロス銀行……個人・法人を問わず一〇万ユーロを超えた預金を保有している人を対象に、一〇万ユーロを超えた分の四七・五%をキプロス銀行の株式に転換。株式に転換した以外のユーロ資産はすべて没収。一〇万ユーロ以下の預金は全額保護。

■ライキ銀行……個人・法人を問わず一〇万ユーロを超えた預金を保有している人を対象に、一〇万ユーロを超えた分をすべて没収。一〇万ユーロ以下の預金は全額保護。

この結果、キプロス政府は八〇億ユーロ（約一兆一〇〇〇億円）の税収を得たとされる。これらの資本規制は段階的に緩和され、二〇一五年四月にはすべてが解除されるに至った。資本規制の解除に多くの国民が歓喜したが、同時に銀行を信じられなくなった人が大幅に増え、タンス預金のニーズが高まったのである。二〇一六年には、銀行不信となったある男性の職場に隠していたタンス預金一五〇万ユーロ（約一億九〇〇〇万円）が盗まれる事件まで起きた。

ギリシャでも銀行預金が凍結

キプロスの資本規制が沈静化した直後の二〇一五年六月二八日、またも世界を揺るがす大事件が勃発する。ギリシャ政府がユーロ圏では三例目となる資本規制を導入したのだ。

キプロスと同じくギリシャでも銀行の窓口業務が完全に休止、わずか六〇ユーロ（約八二〇〇円／一日）という引き出し制限が国民に課せられたのである。キプロスという先例があったにも関わらず、ほとんどの国民がそこから教訓を学ばなかったようで、現金の枯渇に直面する人が続出した。

また、ギリシャのケースでは被害は観光客にまでおよんでいる。当局は観光客（外国で発行されたキャッシュカード）には引き出し制限を課さなかったのだが、資本規制が実施された六月二九日の直後からギリシャ国内にあるほとんどのATMで現金が枯渇したため、資本規制に関係なく物理的に現金を引き出すことができなくなったのだ。加えて、キプロスと同様に多くの小売店がクレジットカードによる決済を拒否している。

イタリアから新婚旅行でギリシャを訪れていたというバレンティナ・ロッシさんは、米ウォールストリート・ジャーナル（二〇一五年六月二九日）の取材に怒りを露にした――「私たちのハネムーンは既に台無しだ。ギリシャが新聞の見出しになってからしばらくたつけど、状況がここまで悪くなるとは思ってもみなかった。ATMは使えないし、アテネのホテル支配人は現金での支払いを要求してくる。銀行が閉鎖されて、現金が手に入らなくなることを恐れているからだ」。

こうした反面、キプロス危機から教訓を学んだ人たちも少なからずいた。そうした危機意識の高い人達は、資本規制が導入されるはるか以前から預金をせっせと引き出していたのである。また、高級車を買い漁る人もいた。一九九八年にロシアがデフォルトした際もそうだが、経済危機の前後に高級車の売れ行きが爆発的な伸びを示した例が少なくない。一部の資産家がインフレ対策として買うようだが、ギリシャも例に漏れず資本規制が実施される直前の二〇一五年三月の自動車販売は前月比で四七・二％、続く四月も前月比二七・九％と記録的な伸びを示している。

個人のみならず、いくつかの企業もキプロスの教訓を生かして危機を脱した。その代表例がギリシャ、キプロス、それにブルガリアで家具店イケアのフランチャイズ店を展開しているフーリス・ホールディングスという法人である。米ブルームバーグ（二〇一五年六月一七日付）によると、フーリスは直前に起こったキプロス危機で大きな損失を出した。キプロスで危機が生じた二〇一三年三月からの三ヵ月間、同社のキプロスでの売り上げは約三割も減少したという。当然、株価も停滞した。だからこそ次なる危機への備えを徹底したという。フーリスの幹部は前出のブルームバーグに対し、「長引く混乱のおかげで最悪の事態への準備が整っている。（中略）（キプロス危機は）海外で現金を保有する、輸出市場を開拓するなど、企業に貴重な教訓を教えてくれた」（ブルームバーグ二〇一五年六月一七日付）と語った。

危ないと思ったら、週末までに預金を引き出せ！

さて、ユーロ圏で相次いだ資本規制だが、キプロスとギリシャの資本規制にはその内容とは別に気になる共通点がある。それは、どちらも土日に発表されたということだ。キプロス政府は土曜日の朝、ギリシャ政府は日曜日の夜に資本規制の導入を発表している。

「近い将来、お金を預けている金融機関に不安を感じたら、ぼんやりと『週末』を迎えてはいけない。面倒でも、億劫でも、『銀行は週末が危ない』ことを思い出して、必要な処置を取ろう。（中略）危険を感じたら、金曜日までに行動を起こすべきだ」（二〇一五年七月一日付ダイヤモンド・オンライン）――楽天証券の山崎元氏はこう忠告する。

歴史を振り返ると、すべての資本規制が週末に発表されてきたわけではないが、そのほとんどが深夜の時間帯などに突発的に発表された。これは、効果を最大限にするためである。というより、たとえばバンクホリデーの場合は情報が事前に漏れ伝わったら取り付け騒ぎへの発展は必至だ。過去にはオーストリアで預金税の導入が事前に国民に漏れたがゆえに、深刻なキャピタル・フライト（資本逃避）が起こって極端なインフレが誘発されたケースもある。それゆえバンクホリデーに限らず資本規制の導入は、当局にとって失敗が許されない。予告なく突発的に実施するのがセオリーである。

「仮にイタリアがユーロ圏から離脱するならば、金曜日夜になるだろう。政府高官は極秘に計画を練り上げ、当日夜になってから欧州各国に通知すると同時に、資本の国外流出を防ぐため、銀行と金融市場の閉鎖を命じる――」（英ロイター　二〇一八年六月二日付）。これは二〇一五年に複数のイタリアのエコノミストらが発表した「イタリアのプランB」と題した同国のユーロ圏離脱計画だ。ロイターによると、この八〇ページにおよぶ小冊子は「当初、ほとんど注目されなかった」ものの、今では「新政権の知的基盤を理解しようとする人々にとって必読書の一つに挙げられている」という。

ちなみにこの新政権とは、右派政党「同盟」と新興組織「五つ星運動」のポピュリスト連立政権のことだ。現在のイタリア政府は依然としてユーロへの残留を口にしているが、このレポートは当局がその気になった場合は突発的（そして週末）に資本規制を発表することを改めて示唆している。

今を生きる日本人で、戦後の預金封鎖を鮮明に記憶している人はほとんどいないと思うが、今一度、想像してみて欲しい。この週末に突発的に資本規制が発表され、そして月曜の朝からすべての銀行が営業を停止している事態を。

ここからは想像力を働かせるしかないが、仮にそうしたことが起こった場合、頼れるのは「ポケット（財布）に入っている現金」「タンス預金」「クレジットカード」「デビットカード」「電子マネー」「ＱＲコード決済」だけだ。ＡＴＭを当てにしたいところだが、キプロスとギリシャの経験からＡＴＭの現金は即座に枯渇するはずだ。運良く現金が残っていたとしても、引き出し制限がかかっていることも考えられる。

クレジットカードやその他の決済にも注意が必要だ。前述したように、キプロスとギリシャのケースではクレジットカード決済は認められたものの、結局はほとんどの小売店がクレジットカードでの決済を拒否している。

日本は全決済に占める現金の比率が、主要国ではドイツに次いで高い。そのため、現金の確保を目的として小売店側がクレジットカードによる決済を早々に拒絶することも十分に考えられる。そうなると、命綱は財布の中身とタンス預金だ。普段から大金を財布に入れている人はそうはいないであろうから、やはり何か危ないと思ったら週末までに預金を銀行から引き出すことが求められる。

当然、保管場所には細心の注意が必要だ。キプロスでもギリシャでも、銀行が休止していた期間に自宅から多額の現金が盗まれるという事件が相次いで起きたと報じられている。たとえばギリシャ紙のコントラによると、エーゲ海ロードス島に住む男性が盗難の被害に遭った。被害額は五五万ユーロ（約七五〇〇万円）で、これは男性の全財産だったという。彼は資本規制が導入される以前の段階から、ギリシャのユーロ離脱を視野に入れてあらかじめ預金を引き出して自宅の金庫に保管していたのだが、結局は報われなかった。

もちろん、それでもタンス預金の有効性に疑いの余地はない。ただし、タンス預金をもってしても万事休すの展開を迎えてしまうこともある。それは、戦後の日本で起きたような「通貨の切換」だ。だからこそ、海外投資こそが究極のリスクヘッジと言える。

究極のリスクヘッジは、やはり海外分散投資

「（政府は）日本人資産の海外逃避を防ぐため資本規制に踏み切らざるを得な

い」（二〇一五年七月三日付英ロイター）――このような恐ろしい予言を公の場で発した人物がいる。シンクタンクの富士通総研でエグゼクティブ・フェローを務める早川英男氏だ。早川氏は一九七七年に日本銀行に入行してから長期間にわたって統計調査局長や理事を務めた経歴を持つ。

早川氏は、日銀の実施する量的・質的緩和（ＱＱＥ）に批判的な立場だ。二〇一五年七月三日に都内で講演した際、財政再建が進展していないことを最大の理由に、同政策が失敗する確率が「八割に高まった」（同前）とまで言っている。ちなみにその失敗とは、長期金利の急騰や急激な円安を招く事態だ。

しかし仮に同政策が失敗した場合、現実には長期金利の急騰よりも先に円の急落が起こる可能性の方が高いとも指摘している。そしてそれが現実に起きた場合は、日本政府はキャピタル・フライト（海外への資本逃避）を防ぐために資本規制の導入を余儀なくされるとの見方を示したのだ。

早川氏が指摘する通り、財政危機を理由としてそう遠くない将来に日本円が大幅に切り下がる可能性は、まったくもって否定できない。その場合は、指摘の通り日本国民による円売り（キャピタル・フライト）を防ぐ目的で、日本政府は資本規制の導入を余儀なくされるはずだ。

これは私の勝手な想像だが、空前絶後の円安（ドル高）は米国からしても困るので、ＩＭＦなどの〝指導者〟は「日本円の固定相場制への回帰」と、それと同時に「バンクホリデーの実施」を提示するのではないかと考える。たとえば一ドル＝三六〇円の固定相場制へ復帰し、同時にすべての預金に一律で六〇〜七〇％の特別税を課すといった具合だ。

日本の全預金残高は二〇一七年三月末時点で一〇五三兆円あり、そのうちの七〇〇兆円を没収できれば、日本の政府債務残高の対ＧＤＰ比は現行の二五〇％から七〇％前後まで低下する。これはとてつもない荒療治だが、為政者が時に暴力的に徴税権を駆使することは、歴史を踏まえれば自明の理だ。

事実として、ユーロ圏では資本規制が導入されている。私たち日本人も、将来的に様々な資本規制の導入を想定しておくべきだ。

「有事の金」にも接収リスク

「通貨危機に直面した際には（外貨獲得のための金きん集め運動に協力するため）、数百万人が結婚指輪や家宝、金の『幸運の鍵』など大切にしていた品々を差し出し、子供たちにより良い未来を実現する約束を果たそうとした」（読売新聞二〇一七年一一月九日付）。

米国のドナルド・トランプ大統領は、二〇一七年一一月八日に韓国の国会で演説した際、こう韓国国民を称賛した。トランプ氏が指摘したように、一九九七年のアジア通貨危機の際、韓国では外貨獲得を目的として多くの韓国国民が自発的に金製品を政府に供出したのである。

これは「金きん運動」と呼ばれ、多くの国民が結婚指輪など思い出の品を供出した結果、集まった金（ゴールド）は二二七トン。これをすべて輸出し、韓国政府は二二億ドルもの外貨を得たのであった。一九九七年当時の韓国銀行の外貨準備高は二〇億ドルだったのだが、国民のおかげでそれを上回る外貨を韓国政府は手にしたのである。

北緯三八度線をもって北朝鮮と対峙を続ける韓国では、古くから国民による政府への寄付が根付いてきた。そのほとんどが、戦費を拠出するための寄付である。そういう習慣があったがゆえに、通貨危機の際も国民は嫌がることなく金きん運動に協力したのだ。

この話は金を巡る美談だが、長い歴史を振り返ると、金が国家によって没収された例もある。有名なのが、一九三〇年代に米国のフランクリン・ルーズベルト大統領が発令した「Executive Order 6102（大統領令六一〇二）」だ。

ご存じのように、一九二九年のブラック・サーズデー（暗黒の木曜日）をきっかけとした大恐慌によって米国経済は完全に破綻。そして一九三三年三月一四日のミシガン州のバンクホリデー（銀行閉鎖）で同国の金融システムは完全に崩壊する。するとその直後に就任したルーズベルト大統領は「国家非常事態」を宣言、米国経済を死の淵から救うためそれまでの放任主義を放棄して国家が積極的に経済に関与するというニューディール政策を打ち出した。

「現在、米国経済が置かれている状況は、資本主義という制度が、米国という国家に挑戦し、戦争行為を行なっているのだ。そのような意味で米国は今、戦争状態にある」――これはルーズベルトの側近が語ったとされる言葉なのだが、一読するだけでいかに当時の米国が過酷な状況に直面していたことがわかる。

金の没収はニューディール政策の一環として実施された。一九三三年四月五日、ルーズベルトは突如として米国大統領として国家非常事態が継続していることを宣言し、「金貨、金地金、金証書を、個人、共同、協会、企業によって米国内で保有することを禁止する」と通達して、金を政府に「一トロイオンス（三一・一グラム）＝二〇・六七ドル」で拠出するよう命じたのである。そして、金を隠し持った者に「一万ドルの罰金」もしくは「一〇年の禁固刑」、あるいはその両方が科されることとなった。

いくら巨大な権限を有する米国の大統領とはいえ、財産権（所有権）を侵害する権限はない。しかし、ルーズベルトは一九一七年に制定された「Trading with the Enemies Act of 1917（対敵取引法）」を根拠として金の没収を命じた。この法令は「大統領は、戦時下において、国民が『金を蓄える』ことを禁止できる」というものである。

当時の米国は厳密には戦時中ではなかったが、先に述べたようにルーズベルト政権は「資本主義との戦争」を持ち出し、半ば無理矢理に米国が戦時中としたのだ。これはすなわち、いくら自由を標榜する国であろうとも非常時には豹変する可能性があるということを教唆している。実際、戦後の日本でも徴税権を駆使することで、財産権を侵害することなく国民の預金を実質的に徴収した。

ところで、ルーズベルト大統領が非常事態宣言を出してまで金の保有を禁止したのは、金融緩和（インフレ政策）と財政政策を導入することを目的としている。当時の米国が採用していた金本位制（兌換紙幣制度）では政府が発行する紙幣の総額は政府が保有する金の量によって制限されたため、インフレ政策や積極的な財政政策を導入するには政府が金を保有している必要があったのだ。ルーズベルトは、恐慌から脱出するには金融緩和と財政出動が有効だと考えて金の徴収に踏み切ったのである。そして、金に対するドルの価値を一トロイオンス＝二〇・六七ドルから三五ドルに引き下げる形でインフレ政策を導入した。

如何なる理由があったにしろ、金を保有している人からすればたまったものではない。実際、財産権の侵害という事態には多くの資産家が反発。金地金を大量に保有していた資産家は、慌てて金をスイスなどの国外へ運び出したという。また、金を隠し持った資産家も多くいたようだ。米国での個人の金保有が認められたのは、一九七四年のことである。

では、似たようなことは現代でも起こりえるのだろうか？　英国のオンライン金地金取引サービス最大手のブリオンボールトのリサーチ研究員であるベン・トレイナー氏は、「絶対起こらないと言うことはできない」と断じる。

金の保有者はその点を案じているようで、近年では金を保有するだけでなくその保管場所にこだわる人が増えてきたようだ。二〇一七年六月七日付の米ブルームバーグは、「ロンドン西部では貸金庫、フランクフルトでは警備の厳重な金と銀の貯蔵施設が建設されるなど、貴重品の保管を手掛ける企業が需要に対応するため能力を拡充している」と報じている。記事はさらに、欧州では一億ユーロ（約一二四億円）を超える価値の金を保管可能な施設の開設を計画している企業が出てきていると指摘。英国の金ディーラー大手シャープス・ピクスリーのロス・ノーマン最高経営者（CEO）が、「当社の顧客の多くにとってインフレは主要な懸念材料だ。安全資産については、何を購入するかだけでなく、どこに保管するかが重要だ」（同前）と話していると伝えた。

ブリオンボールトの日本市場責任者であるホワイトハウス佐藤敦子氏も次のように語っている――「日本の行く末を憂慮し、国内で金地金を保有するのはリスクと考え、スイスに保管しておきたいという顧客は多い」（二〇一六年七月八日付米ブルームバーグ）。佐藤氏は、大恐慌の教訓から「米国の顧客のほとんどが自国内に金を保管しない」と言い、「こうした動きが日本でも起きている」と指摘する。「異例のマイナス金利導入や財政の先行き不安などから、資産の一部を金として海外で保管したいとの関心が高まっている」（同前）。

ここ日本では、金を売却する際に一日当たりの売却額が二〇〇万円超だと国税当局にその情報が調書として提出されることになっているが、消費者が金を購入した時点ではその取引が国税に把握されることはない。ただし、貴金属店には購入履歴が残っており、国家の緊急時には取引履歴を政府が提出するよう求めてくることは十二分にあり得る。接収リスクがゼロではないということを念頭に、金の購入・保有を考えるべきだ。

意外な魅力を放つダイヤモンド

私は今、接収リスクの観点からダイヤモンドを使ったリスクヘッジに注目している。ダイヤモンドは金と違って、買った時点と売る際のスプレッド（価格差）が異様に高い。しかし、歴史を振り返っても金のような接収リスクはほぼ皆無であり、持ち運びも重たい金と違って容易である。

もし興味があるという方は、拙著『有事資産防衛　金か？　ダイヤか？』（第二海援隊発刊）をお読みいただきたい。実際にダイヤモンドを用いて危機を脱した実例から、スプレッド（価格差）を最小に抑える買い方など、実践的な知識が満載である。日本の財政破綻リスクは極めて高く、二〇二五年にはバンクホリデー（銀行閉鎖）やキャピタル・フライト（資本逃避）阻止を目的とした厳格な資本規制が導入されても何ら不思議ではない。そろそろ、真剣に対応策を練る時期である。

私は、お国のために預金を没収されてもよいと本気で考えている人がいるかどうかは知らないが、国家破産したロシアやアルゼンチン、ジンバブエにトルコ、通貨危機時の韓国、そしてギリシャの惨状をくまなく取材してきた経験から、どれも私たち日本人が想像している以上の苦境が長期間にわたって続いていたことを知っている。特に、年金生活者といった働けない層を巡る環境は壮絶である。危機に陥ったほとんどの国で高齢者の自殺が社会問題化していた。「備えあれば憂いなし」というが、私は日本の財政リスクに対するヘッジを可能な限りしておくよう、改めて助言したい。

第三章　二〇二〇年、日本国債暴落

二〇二〇年秋、オリンピック後の国債価格に要注意

川上明氏という相場分析のプロがいる。彼は普段新聞は読まず、テレビニュースの類も見ない。だから、それらの情報が要素として彼の相場分析に加わることはない。彼の分析は独特で、ひたすらチャートに向き合い、線を引き、チャートだけを眺めて行なう。その分析方法は、〝カギ足〟という手法によって引かれた独自の罫線（チャート）に独自の線などを加えたものを使う。

彼は、それを大学生時代の一九八〇年代から始めた。当時はまだ家庭用のパソコンが普及していないから、彼が描くカギ足のチャートもそこに補足される線や点なども、すべて手書きであった。実は、パソコンが一般的になった今でも、その手書きの作業を続けている。

毎日相場の動きを確認し、罫線を引き、必要であればこれまでのカギ足チャートに追加で記入する。彼は、このカギ足チャートで生計を立てているプ

ロの投資家で、その的中率はかなりのものだ。私自身も彼の相場に対する読みを当てに投資を行なうことは多く、たまに大相場を張ったりしている。

そんな彼が日本国債のチャートを見ながら、気になることを言い始めた。ポイントは東京オリンピック後、二〇二〇年秋以降だ。

彼のチャート自体は、よほどカギ足分析に精通していなければ見てもまったくわからない。だから、私が彼から一九九八年以降の約二〇年分の日本国債のチャートを見せられても、よくわからなかった。しかし、彼が「ヤバイですね」と呟いた時にピンときた。〝日本国債が危険水準に入っているのだ〟と。「日本国債は暴落するのですか」と問うと、思わぬ返答がきた。「いえ、まだ一、二年は大丈夫です。でも、三年後に暴落しますね」と明確に返ってきたのだ。

実は、この時は二〇一七年の秋だったから、計算すると二〇二〇年秋以降に日本国債は暴落することになる。つまり、オリンピック終了後からしばらくの間、二〇二一年前半頃までは要注意の時期ということである。

一般的にチャート分析のほとんどは、結果をシステマチックに出すことが多い。彼が行なっている分析も同じだ。だから、「いつか日本国債が暴落する」といった漠然とした表現ではなく、「三年後に日本国債が暴落する」と時期が明確なのである。チャートを見ると、そのように読み取れるそうだ。

ここで断っておくと、一〇〇％当たる予想は存在せず、彼の予想ははずれるかもしれない。ただし、これまで信頼性の高い情報を発信してきた彼のチャート分析だからこそ、無視はできない。少なくとも私は、万全の対策を立てておこうと思う。もし、はずれたとしてもデメリットは少なく、それよりも予想が当たって日本国債が暴落した時に何も対策をしていない方が危険である。

国債が下がると、どうなるのか

金利が上がると債券価格が下がる。これは金融の常識だから、そのまま覚えておいても構わない。ただ、そこで、ここで仕組みを説明しておこう。

まず「金利」と呼んでいるものは、短期金利と長期金利の大きく二つに分けられる。短期金利は期間が一年以下の金利で、代表的なものでは「無担保コール翌日物」と呼ばれる銀行間同士の資金融通時の金利が挙げられる。長期金利は一年を超える期間の金利で、一般的に一〇年国債の利回りを指す。

この長期金利が上がると、国債の価格はどうなるのか。現在一〇年国債の利回りは〇・一〇％（二〇一八年七月二七日時点）。もし、その時に一〇〇万円分購入したとすると、その一〇年後の満期までに得られる収益は一万円である。ここで金利が一％に急騰したとする。その後、同じように一〇〇万円分購入したとすると一〇年後の満期までで得られる収益は一〇万円になる。

皆様は、同じ金融商品で収益が一万円と一〇万円とで分かれていたら、どちらの国債を購入するだろうか。答えは明白で、一〇万円の収益を生む利回り一％の国債の方を購入するはずだ。利回り〇・一〇％の国債を保有している人は、急いでそれを売って一％の方に移るだろう。これによって、売られた利回り〇・一〇％の既存の国債は価格を下げるのである。

では、どこまで国債の価格は下がるのか。一％の利回りに釣り合うところまで下がったとすると、一〇〇万円で買った国債価格は理論上で九一万円台くらいまで下げる計算となる。既存の利回り〇・一〇%の国債を保有している人は、一時的にマイナス八%以上の損失を負うことになるのだ（あくまで概算のため、手数料や多少の日数などの差は勘案しない）。

現在の〇・一〇%という金利は極端に低く、ここからは下げにくい水準だから、金利が下がると国債の価格はどうなるのかについての具体的な解説は省略する。結論だけ触れておくと、先ほどと逆のメカニズムで価格は上昇する。ここまで長々と解説してきたが、ポイントは「金利が上がれば、債券価格は下がる」、逆もしかりで「金利が下がれば債券価格は上がる」。先に述べた通り、数学などの公式のように覚えてしまった方が早いかもしれない。

債券価格と金利の基本メカニズムを確認したところで、今度は国債価格が下がると何が起きるのかを考えてみよう。国債の価格が急に下がることは、国の信頼が揺らいでいることを意味する。ただ、だからと言って「国債価格の暴落＝日本国の破産」とそのまま結び付けるのはいくら何でも早計過ぎる。国債価格が下がるとまず困るのは、それを抱えている金融機関だ。だから、はじめは金融不安を危惧した方が良い。

実際にこの一、二年では、アメリカの利上げにより米国債の価格が下がったことで、日本の金融機関が頭を悩ませている。特にひどいのが地銀で、貸し出しという本業が奮わない中で米国債による運用損失が膨らんでいる。

もちろん日本の金融機関の場合は、米国債よりも日本国債の保有額の方が圧倒的に高いわけだから、これが暴落した時の影響を考えると空恐ろしい。今、米国債によって発生している損失よりも、はるかに大きな損失がのしかかってくるはずだ。国が破産する前に、銀行の連鎖倒産・消滅の可能性が高い。

他にも相場に大きなマイナスの影響を与えるだろうし、世界経済にも大きな爪痕を残すだろう。日本国債の規模は一〇〇〇兆円に迫る膨大な金額だから、それが傷むとなれば今までのどのような経済危機より危険極まりない。ヘッジファンドも含め、ありとあらゆる運用機関が何かしらの影響を世界規模で受けるだろう。

そして、もう一つ忘れてはいけない、もっとも影響を受けるだろう特殊な金融機関がある。それは、日本の中央銀行〝日銀〟である。

日銀は、なぜ国債を大量に持っているのか

日本銀行調査統計局のデータで、「国庫短期証券」と「国債・財投債」の合計を国債などとした時、二〇一八年三月末時点でその残高は一〇九七兆円にもおよぶ。そのうち日銀が抱えている額は、なんと四五九兆円と全体の四割強を占める。国債などの保有者内訳で、ダントツの一位である。今、何らかの理由で日本国債が暴落することがあれば、一番影響を受けるのが日銀なのである。

昔からこのような構造だったかと言えば、そんなことはない。かつては日本国債の保有者第一位は民間の金融機関（預金取扱機関）で、比率は四割ほどをキープし、他を圧倒した保有比率であった。では、なぜこの構造が変化して、日銀がここまで国債を抱えることになったのか。

転換点は二〇一二年冬、自民党の圧勝に終わった第四六回衆議院選挙である。選挙後、第二次安倍内閣が組閣され、いわゆる「アベノミクス」が実施されたわけだが、それと時を同じくして日銀が導入した「インフレターゲット」によって、ここまで大量の国債を日銀が買い続けることになった。

「インフレターゲット」の導入は、正確には二〇一三年一月二二日の日銀の金融政策決定会合によって決められた。二〇一二年は実は日銀がすでに国債を増やし始めた年で、日銀の保有比率は年初九・九%だったものが年末に一一・九四%と二・〇四%も増やしている。

ここから「インフレターゲット」を導入してからの伸び率は、それの比ではない。特に、二〇一三年～二〇一六年の四年間は毎年六～七%ずつ保有比率を増やしている。一体、どこから購入しているかと言えば、先ほど保有比率が一番だった民間の金融機関からである。だから預金取扱機関の国債等保有比率は、年々下がっている。二〇一七年になると流石に購入できるものがなくなり、限界がきはじめ日銀の保有比率の増加率は下がったが、それでも一年で二・三一％増えている。直近の二〇一八年三月末では、日銀の保有比率は四一・八四％だから、「インフレターゲット」導入前の二〇一二年末の一一・九四％から見て三・五倍も増えている。一方、同じ期間で預金取扱機関は三八・二一％から一七・一五％と、比率を半分以下（〇・四五倍）に落としている。

「インフレターゲット」の導入は日銀の金融政策決定会合で決まったわけだが、政府の意向が色濃く入っている。元々日銀は、それまで「インフレターゲット」の導入に対しては否定的だった。第二次安倍内閣が始まる前、衆議院選挙の勝利前から安倍晋三氏は「インフレターゲット」の導入を公約に掲げていた。それに対して、当時の日銀総裁である白川氏は記者会見などで「経済に対する悪影響が大きく、現実的でない」とバッサリ切り捨てていた。

ところが自民党の思わぬ大勝により、日銀は政府の意向を無視することができなくなり、「インフレターゲット」導入へ方向転換したのである。そして、日銀は市中の国債をどんどん購入し、今のように大量に抱えることになった。

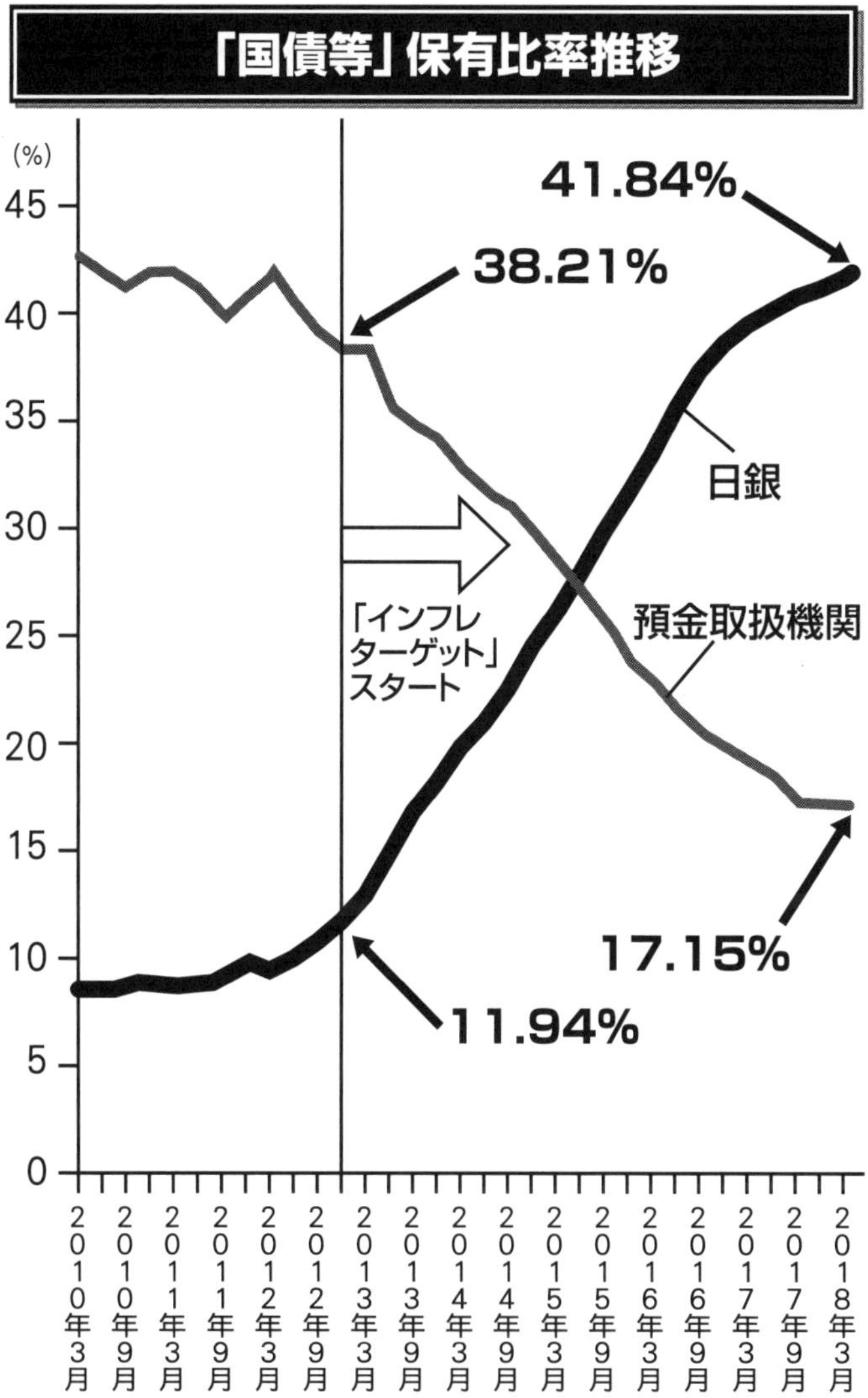
「国債等」保有比率推移
(%)
45
40
35
30
25
20
15
10
5
0
41.84%
38.21%
日銀
「インフレターゲット」スタート
預金取扱機関
17.15%
11.94%
2010年3月
2010年9月
2011年3月
2011年9月
2012年3月
2012年9月
2013年3月
2013年9月
2014年3月
2014年9月
2015年3月
2015年9月
2016年3月
2016年9月
2017年3月
2017年9月
2018年3月

「インフレターゲット」の出口は？

「インフレターゲット」は当初「二年以内に、物価上昇率を二％へ」と期限と目標が明確であった。しかし、それは今や跡形もない。期限は守られず、目標もあいまいになっている。どこを着地点とするのかわからないまま、ただあてもなく日銀は、国債を中心にＥＴＦなどの資産も含め市中から買い続けているのである。

二〇〇八年の金融危機によって始まったアメリカの量的緩和は、二〇一七年九月に終了宣言が出された。利上げはそれよりも早く二〇一五年一二月より徐々に始まっている。欧州は、今年二〇一八年中に量的緩和の終了を予定しており、翌年二〇一九年から利上げを検討している。そのような世界の動きに逆行する形で、日本は当てもなく量的緩和を続けているわけだ。

日本はこの量的緩和を、どのように終了させるのか。もちろん、衝撃を伴わない軟着陸でという条件付きだ。量的緩和を終了させることは、日銀が国債を買わないことを意味するわけで、今やそれはほぼ不可能に見える。確かに、日銀が国債を買い取っていたから民間の金融機関の保有比率は下がり、その部分で新しい国債を購入できるように見えるかもしれない。

しかし、これまで日銀が大量に国債を購入した影響で、二〇一二年初めに一%あった国債の利回りは、現在ほとんどゼロ%に近い。量的緩和を終了すれば、日銀が買い取りしないわけだから、転売して利益を出す仕組みはなくなっている。そんな状態で、金融機関が利回りほぼゼロ%の国債を購入する意味が、果たしてあるのか。

そのように考えると、日銀が量的緩和を終える時、金利が今のようにほぼゼロ%であることは考えにくい。つまり、軟着陸は難しく、市場の原理にさらされて金利は急騰することが考えられる。このように軟着陸が見えない状態だから、そう簡単に日銀は量的緩和を終わらせることはできない。

禁じ手「財政ファイナンス」

本来、日銀が国債をどんどん購入するというのは異常な状態である。しかし、それが現状では行なわれている。さすがに新しく発行された国債を日銀がそのまま買い付けるような「直接引き受け」は行なっていない。「直接引き受け」は「財政ファイナンス」とされ、財政法第五条によって明確に禁止されている。

「財政ファイナンス」が禁止されている理由は、財政の規律を守るためだ。政府が発行した国債を中央銀行がそのまま引き受けると、政府は無制限に国債を発行しかねない。引き受けた日銀は通貨を市場にバラ撒き、それによる悪性のインフレを引き起こす懸念が生じる。だから、日銀の国債引き受けは「財政ファイナンス」として禁じ手とされている。

しかし、現状で行なわれていることは、その禁じ手とほぼ変わらない構造である。まず、政府が発行した新発国債を民間の金融機関が一旦引き受ける。そして、その後すぐに日銀が民間の金融機関から国債を購入する。日銀としては、あくまで市中から国債を購入している形をとるが、新発国債のほとんどがこのように日銀に買われるわけだ。この構造が、「インフレターゲット」という大義名分を得て正当化されている。

しかし、「インフレターゲット」が元々政府の意向であったことと、現状のように物価上昇率の目標が守られず、出口が見当たらなくなっていることを考えると、「ひょっとして『インフレターゲット』は日銀による国債購入の口実だったのではないか。最終手段である『財政ファイナンス』を行ないたかったのではないか」とどうしても穿った見方をしてしまう。

いずれにしても、すでに軟着陸が不可能なほど日銀は国債を大量に購入している。では、このまま量的緩和を止めずに、日銀が引き続き国債を買い続けてもよいのか。そうなれば、実質「財政ファイナンス」の構造であるから、どこかで通貨〝円〟の価値が著しく毀損し、悪性インフレを引き起こすだろう。悪性インフレが起きれば国の信頼が揺らぎ、国債の暴落は避けられない。先に川上明氏の二〇二〇年国債暴落の予想を披露したが、仮にそれがはずれたとしても、遅かれ早かれ金利上昇、国債急落は避けられないだろう。

プライマリー・ディーラーの減少には要注意

日銀がこのまま国債を買うのを止めなければ、行きつくところまで行きついてしまうだろう。そうした場合、とんでもない事態が待ち受けているのは想像に難くない。では、思い切って日銀が国債購入を止めてしまったらどうなるのか。多少金利が急騰することはやむを得ないとして、その後国債を安定的に消化できるのかということだ。

国債を発行した際、民間の金融機関が応札するわけだが、応札額が入札予定額よりも少ない状態を「札割れ」と呼ぶ。国債の売れ残りのことで、過去に数回起きて話題になった。では、日銀の後ろ盾がなくなれば札割れが日常のように発生し、金利がどんどん上昇するのだろうか。実はそうではなく、現時点で理屈上では札割れは起こらない状態になっている。それはどういうことなのか、国債消化の構造を確認しておこう。

日本の国債を安定的に消化するために二〇〇四年一〇月から、「国債市場特別参加者制度」が導入されている。これは別名「プライマリー・ディーラー制度」と呼ばれ、財務省公認で根幹となる銀行や証券会社（プライマリー・ディーラー）が選出され、国債の安定的な消化を行なう制度だ。二〇〇四年より以前も別の仕組みがきちんとあり国債消化を行なっていたのだが、その後大量発行される国債に対応できるように制度変更したのである。

プライマリー・ディーラーは、その資格を保有する者しか参加できない取引や財務省からの特別な情報を入手できるという権利を有する代わりに、国債を一定額応札する義務を負う。始まった当初は、二五社のプライマリー・ディーラーが存在した。それらに対して、応札時には四％以上の入札が義務付けられていた。つまり、入札予定額の一〇〇％以上の応札が入るように担保されていたわけだ。その後、会社の統廃合などにより現在、プライマリー・ディーラーは二一社になっている。

プライマリー・ディーラーの数が少なくなる中で、衝撃的な出来事があった。それは二〇一六年七月一五日、三菱東京ＵＦＪ銀行（現三菱ＵＦＪ銀行）がプライマリー・ディーラーを返上したことである。もっとも三菱ＵＦＪグループとしては、連結子会社の三菱ＵＦＪモルガン・スタンレー証券がプライマリー・ディーラーに入っていて、そこに集約したという説明を行なっている。ただ、日本のメガバンクの一角が、国債入札の第一線から退いたわけだから、国債に対しての市場の風向きを変える結果になった。

当時マイナスに陥っていた国債の金利は、二〇一六年末にはゼロ％を超えるところまで戻している。市場でも、「三菱東京ＵＦＪ銀行が日銀に〝ＮＯ！〟を突き付けた」「アベノミクスを否定した」「国債を見限った」など様々な声が飛んだ。

プライマリー・ディーラーの減少に対して、国債の安定的な消化を続けるために、二〇一七年七月財務省は国債応札義務の増額を行なった。当初四％以上だった応札義務を、五％以上まで引き上げたのだ。二〇一六年七月一五日以降現在に至るまで、プライマリー・ディーラーの数は二一社と変わっていないから、国債には一〇五％以上の応札が担保されている。つまり、現状では新発国債をどれだけ発行しても、民間の金融機関が強制的に一〇〇％引き受けるようにしてあるのだ。

ただし、ここで注意点がある。それは、問題が起きないのは現在のままのプライマリー・ディーラーの数であれば、ということだ。国債の安定消化に不安を覚え、資格を返上する金融機関が出れば当然辛くなる。二社出て行けば、単純に担保されているラインが一〇〇％を割ることになる。ここでプライマリー・ディーラーの金融機関を見ると、半数以上が外資系であることがわかる。外資系は逃げ足が速いから、決して油断はできない。

日本国債の安定的な消化が期待できるかどうかは、このプライマリー・ディーラーの数と応札義務になっているパーセンテージをチェックすればよい。それが一〇〇％以上になっていればひとまず問題はないし、そうでなければ要注意である。特に、プライマリー・ディーラーの数が減少していないかどうかは気をつけておいた方がよい。それによって、担保されているラインが一〇〇%を大きく割っていると、国債の札割れが常態化することも考えられる。

日銀は将来、債務超過に陥る

国債の現状と基本構造をチェックしたので、今度は金利が上昇するとどのくらい不都合が起きるのかを見てみよう。

国債の中で基本となるのは、「長期国債」と呼ばれる「一〇年国債」であるが、他に「短期国債」(六ヵ月、一年満期)や「中期国債」(二年、五年満期)、「超長期国債」(一五年、二〇年、三〇年、四〇年満期)といくつかの期間に分かれている。他にも「利付国債」「変動利付国債」「割引国債」などと種類も複数ある。また、同じ一〇年国債でも買った時期によってそれぞれ満期が異なる。だから、金利が上がった時の影響を試算するのは大変な作業だが、その大変な作

プライマリー・ディーラー21社

2016年7月15日〜2018年7月現在

ＳＭＢＣ日興証券株式会社
岡三証券株式会社
クレディ・アグリコル証券会社
クレディ・スイス証券株式会社
ゴールドマン・サックス証券株式会社
ＪＰモルガン証券株式会社
シティグループ証券株式会社
ソシエテ・ジェネラル証券株式会社
大和証券株式会社
ドイツ証券株式会社
東海東京証券株式会社
野村證券株式会社
バークレイズ証券株式会社
ＢＮＰパリバ証券株式会社
株式会社みずほ銀行
みずほ証券株式会社
株式会社三井住友銀行
三菱ＵＦＪモルガン・スタンレー証券株式会社
メリルリンチ日本証券株式会社
モルガン・スタンレーＭＵＦＧ証券株式会社
ＵＢＳ証券株式会社

業を二〇一六年一〇月に財務省が行なっている。

財務省が国債の消化について真剣に考え始めたのは、「プライマリー・ディーラー制度」を取り入れた二〇〇四年のことだろう。同じ年の一一月五日に「国の債務管理の在り方に関する懇親会」と題された第一回の会議が開かれている。この会議はその後も年に数回ずつ行なわれており、直近では今年（二〇一八年）六月一五日、第四七回が開かれている。

その会議の二〇一六年一〇月一七日に開かれた第四三回の資料③「国債管理政策の現状」の中、わずか一ページではあるが金利が一％上昇した時のシミュレーション結果が掲載されている。それによると、一％の金利上昇が起きるとGDP比で一三・五％分もの価格下落が起きるという。金額にすると、なんと七〇兆円を超える計算となる。資料の基準とされた二〇一六年三月末時点の長期金利は、今よりも低いが、国債の総額は毎年増えているわけで、現状でも同じく七〇兆円程度の影響が考えられる。

実はこれは大変なことで、国債保有者の総額から、七〇兆円の価格下落が発生することを意味する。日本は国債の約九割を国内で消化しているから、その被害は日本に集中する。どれくらいの被害かと言えば、日本で時価総額トップの企業は「トヨタ自動車」でその時価総額は約二五兆円、つまりその規模の会社が二社以上吹き飛ぶと考えると、事の甚大さがわかるだろう。すでに説明をしているが、一番影響を受けるのは、国債を一番保有している日銀だ。

財務省は日銀に対する影響については言及していないが、これが発表された翌年の二〇一七年五月一〇日、今度は衆議院財務金融委員会で民進党（当時）の前原誠司氏の質問を受けた黒田日銀総裁が「一％金利が上昇した場合を試算すると、（日銀の抱える国債は）約二三兆円の評価損が発生する。一・五％上昇するとその一・五倍の評価損が発生する」と発言している。

これはかなり深刻な数字である。現在の日銀の資産は約八兆円だから、もし二三兆円の評価損を計上したとすると、たちまち債務超過に陥るのである。実際には日銀は、国債の評価に対して時価評価はせず、満期保有を目的とした償却原価法を採用しているため、評価損が計上されることはない。ただ、仮にも日本の中央銀行が実質債務超過の状態に陥れば、市場が過敏に反応して円が大きく売られることになったとしても不思議はない。

また、日銀の信頼が落ちることで国債が売られそれによってさらに金利が上昇し、評価損が増える、するとまた日銀の信用が落ち、国債が売られるという負のスパイラルにのみ込まれる可能性も否定できない。

事態は時が経てば経つほど深刻化する。国債の発行残高は年々増加しているわけで、金利が上昇した時の評価損（または含み損）は大きくなる一方である。

「ごまめの歯ぎしり」

日本国が抱える債務の問題は、すでに十数年間にわたって言われ続け、半ば慣れきってしまっている人が多いかもしれない。規模が大き過ぎるし、専門知識を必要とするため、取り組みにくい問題だ。何より今、何も起きていないからあえて触れない人がほとんどである。

将来日銀が陥る可能性がある負のスパイラル

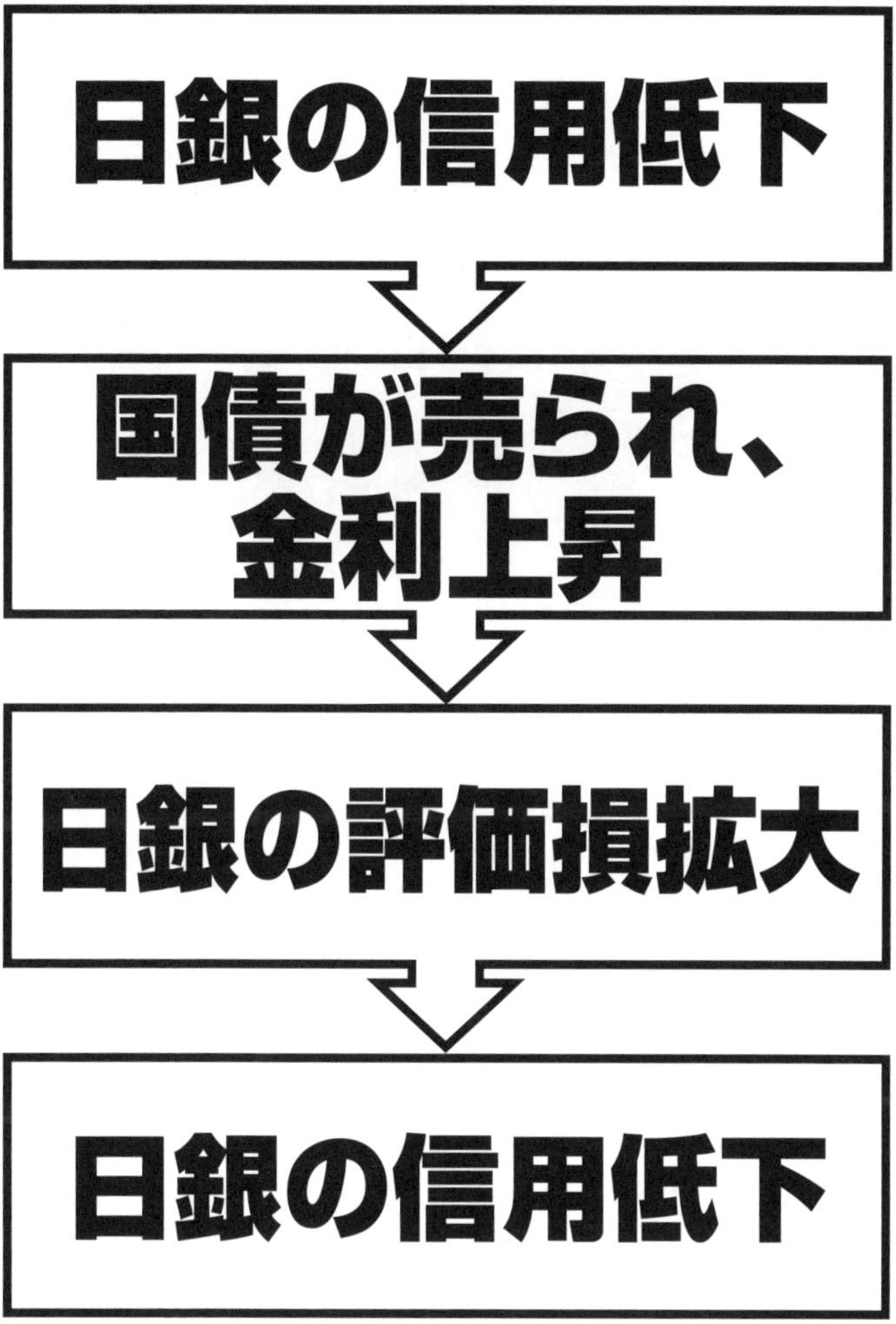

その一方で、財政問題に真っ向から取り組む人たちも確かにいる。中には、日銀や現政権に果敢に提言を行なっている人物もいる。自民党の河野太郎氏はその一人である。

二〇一七年四月一九日、当時行政改革本部長であった河野氏は、「日銀の金融政策についての論考」と題した提言書をまとめている。提言書は、八つの項目に分かれていてそれぞれ簡素に書かれている。内容は、先ほどからこの章でも題材にしている「日銀の出口戦略」についてである。

その提言書は同日、菅官房長官に提出された。では、その後どのように日銀また政府は変わったのか。内部のことはわからないが、表面上は残念ながらまったく変化なしなのである。

このような提言は、果たしてどこまで効果があるのか。河野太郎氏は自身のホームページ上のブログでこの提言書の内容を公開している。興味がある方はチェックしていただきたいが、このブログのタイトルが一風変わっていて面白い。ブログのタイトルは『ごまめの歯ぎしり』。ごまめとは、小さなカタクチイワシを干したものだ。ごまめではなく、田作りという呼び名の方が馴染みやすいだろうか。どちらにしてもごまめは、実力がなく取るに足りない者のたとえである。この慣用句は、そういった者がいくら歯ぎしりするほど悔しがったり、憤って批判してみても、何も変わらないということを意味する。

そんな『ごまめの歯ぎしり』に「日銀の金融政策についての論考」を掲載しているのは、河野氏による痛烈な皮肉なのかもしれない。

日銀の出口戦略、財政再建と同時並行を

日銀が出口戦略を考える時一番のポイントは、どこまで金利が上昇するかということだ。一％の金利上昇でも日銀は実質債務超過の状態になるわけで、それ以上の金利上昇はなんとしても避けたい。

そのためには日銀が国債を買わなくなっても金利が安定しないといけない。そう考えると、日銀だけが頑張っても出口を上手く抜け出すことは到底できな

い。金利を安定させるには、安定的に国債が消化されるように国が信頼されていなければならない。それには、日本国の財政再建が不可避である。

財政再建が論じられる時によく出てくるのは、「プライマリーバランスの黒字化」という言葉だ。プライマリーバランスは基礎的財政収支とも呼ばれるもので、国債などで得られる収入と国債などにかかる費用を抜いて、税収などの歳入と歳出のバランスを見たものだ。そのバランスが均衡していたら、借金（国債など）に頼らない行政を実現していると言える。

では、プライマリーバランスが均衡すれば、借金は増えないのかと言えば、実はそうではない。借金には利払いが発生するから、単純に黒字化させるだけではなく、その黒字分で利払い分を補うことができて初めて借金が増えない状態になる。そこまで厳密に黒字分を定義しているわけではないが、いずれにしてもこのプライマリーバランスの黒字化が財政再建の目標に掲げられることが多い。

財政再建やる気なし

「プライマリーバランス」という言葉が使われ出したのは、いつ頃だろうか。日経新聞の過去の記事を調べると、日本の財政に対して初めてこの言葉が登場したのは、一九九六年一〇月のことだ。ちなみに、すでにお伝えした二〇〇四年一一月から始まった「国の債務管理の在り方に関する懇親会」の第一回目に当時の財務大臣・谷垣禎一氏の代理を務めた財務副大臣の上田勇氏が冒頭の挨拶で、二〇一〇年代初頭の「プライマリーバランスの黒字化」を目標としている旨を語っている。もちろん、この目標は達成されていない。

プライマリーバランスの黒字化という目標は、過去に何度も登場しているが一度も達成されたことがない。最近では、二〇二〇年度を目標にしていたが、それも達成する見通しが立たず、現在は二〇二五年度の黒字化に目標を変更している。このプライマリーバランスの黒字化という目標は、言葉の響きが良いためかよく使われる。ただ、実際にはその目標の達成自体は軽視されているきらいがある。

『国債発行50年の総決算―プライマリー・バランス分析決定版―』というレポートがある。二〇一六年一〇月、米澤潤一氏によって出されたものだ。米澤氏は過去、大蔵省関税局長、日銀理事を歴任し、「ミスター国債」の異名を持つほど日本国債に精通している。

レポートの表紙に「本論文の内容は全て執筆者の個人的見解であり、財務省あるいは財務総合政策研究所の公式見解を示すものではありません」と注意書きが付いているが、発行元としては「財務省財務総合政策研究所総務研究部」の名称があり、問い合わせ先の住所と電話番号の記載もある。つまり、財務省にとってかなり重要なレポートで、実質財務省の考えがそのまま反映されていると言ってもよいのではないか。レポートは一七ページと分量が少ないので、実際にお読みいただくのも面白いだろう。レポートの始まりは衝撃的で、ある種名文の雰囲気を醸し出している。その部分を記載しておこう。

日本財政が破綻に瀕していることは、あらためて数字を挙げるまでもなく、周知の事実である。（後略）

一　はじめに

さて、そのレポートの中にプライマリーバランスの資料がある。戦後の日本が国債を発行し始めた昭和四〇年度（一九六五年四月〜六六年三月）〜平成二七年度（二〇一五年四月〜一六年三月）までの五一年間のデータだ。それを見ると、プライマリーバランスが黒字化しているのは税収が急増したバブル経済の時期だけで、期間として昭和六二年〜平成四年度の六年間しかない。直近二年の数字を加えてみても、平成二八年、二九年度ももちろん赤字である。五三年間のうち、黒字はわずか六年間、しかも最近では赤字の幅が以前よりも拡大している。

だから、歴史的に見てもそう簡単にプライマリーバランスの黒字化が達成できるわけがない。黒字化を達成しようとすれば、バブル経済の時のようによほど税収が増えるか、そうでなければ厳しい財政規律で歳出削減を徹底する他ない。しかし、そのような努力は一向に見られない。つまり、プライマリーバランスの黒字化はあくまで目標だけで、達成する気はほとんどないと考えても差し支えなさそうだ。

事が起き始めてからでは遅いのだが

本当に財政再建を行なうのであれば、社会保障費を削減するか大増税をするかのどちらか、あるいは両方を行なうしかないだろう。二〇一七年度の歳入と歳出で確認すると、プライマリーバランスを均衡させようとすると約一〇兆円足りない。もし、国債の利払いを入れて借金を増やさないようにしようとすると、今度はその倍の約二〇兆円足りないない。莫大な金額が足りていないのである。これほどまでの金額の帳尻合わせを行なうのであれば、相当の努力が必要と

調整後プライマリーバランス推移

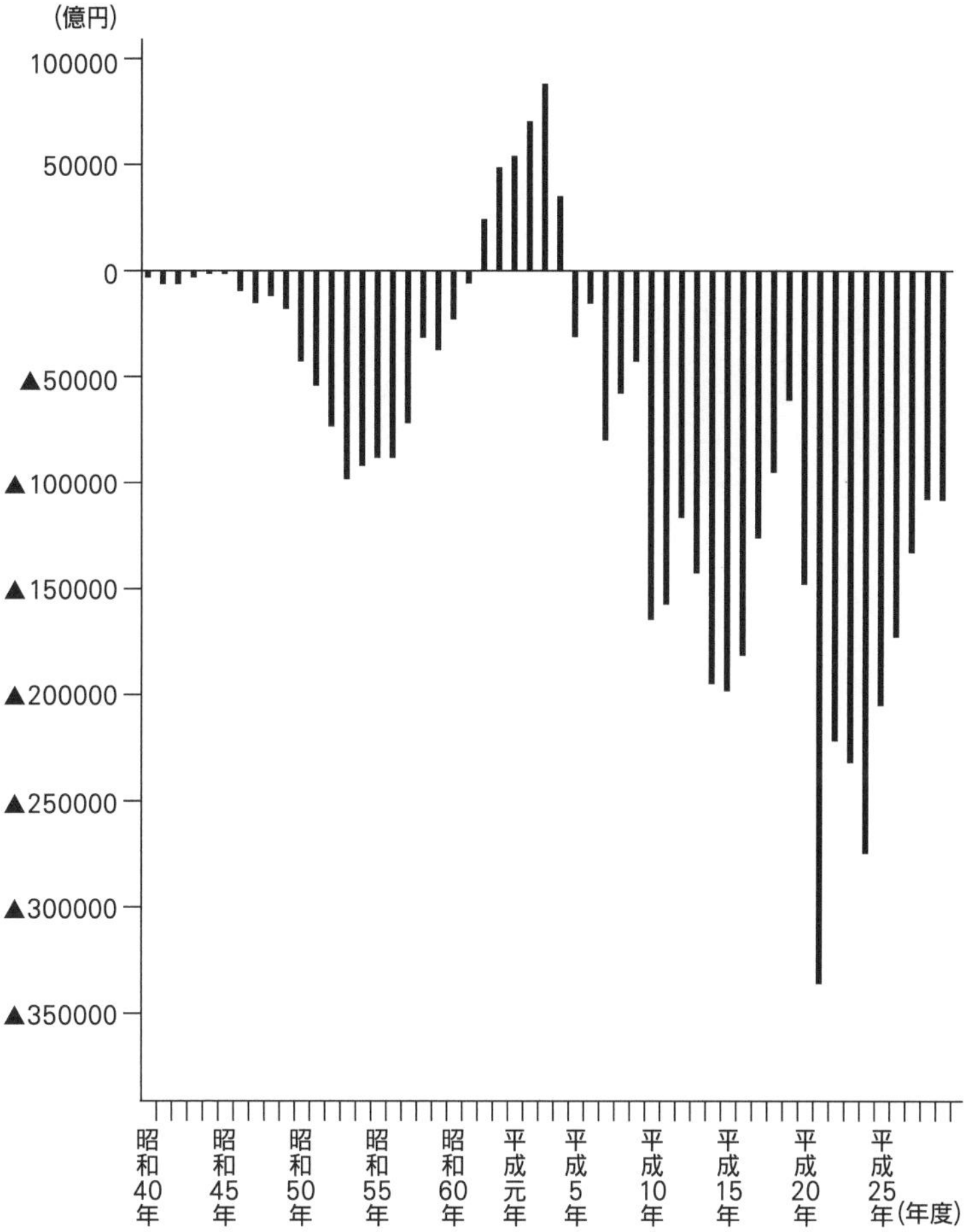

出所：財務省ホームページ

なる。消費税を数％上げて、新設するカジノからの実入りを期待し、医薬品はジェネリックにして医療費を削減するなどの付け焼刃のようなものでは、根本的な解決にはまったくならないのだ。

日本はもはやバブル経済ではなく、GDP成長率はわずかなので、成長に頼った税収増に期待することはできない。だから、プライマリーバランスを黒字化するために歳入を増やすのであれば、消費税の大幅増税を含めた大規模な税収増を行なう道になるわけだ。もう一方の歳出削減の道を選ぶのであれば、支出で今一番大きいのは社会保障費だから、こちらの削減を避けることはできない。

つまり、この二択でどちらか、あるいは両方を行なう必要があるわけだ。ただ、たった二％の消費税増税にこれほどの時間がかかり、社会保障費は年々増え続けている現状を考えると、まずそんなことは無理だ。もし本当に行なうのであれば、有権者を全員敵に回すぐらいの相当強い覚悟を持った政治家の登場が必要になるだろう。

どの国もそうだが、事が最悪になる前に財政再建を前もって行なうのは大変難しい。通常は、事が起き始めてから初めて着手される。ただ問題は、その頃になると手遅れになっている上に後手に回ってしまい、解決できずに状況は悪化の一途を辿ることの方が多いということだ。先に見た、ロシアであったり、トルコであったり、ギリシャやジンバブエ、北朝鮮やアルゼンチン、ベネズエラもそうだった。将来の日本もそうなるだろう。特に日本の場合は、経済大国で個人金融資産も大きいために長いこと持ちこたえていたので、その分問題は相当大きくなっている。先に挙げた国々よりもひどい状況になることも、十分考えられる。

何も手を打たずに、国債の安定消化がしにくくなれば、金利は徐々に上がって行くはずである。その頃に手を打ち始めても、日銀がすでに債務超過に陥っていたり、プライマリー・ディーラーが少なくなって国債の引き受け先がなくなっていたりと、制御不能になってしまう可能性が高い。

金利が四％になったら、もうおしまい

川上明氏は、二〇二〇年秋頃と国債暴落の時期を予想した。では、どれくらいのことが起きると予想しているのか。質問した私に対して、彼は事もなげに「その頃には金利が四％ぐらいになります」と言い放っている。これだけ金利が上がれば、既存の国債価格はまさに大暴落である。

国債の金利が上がると既存の国債価格は下がる。それと同時に利払い費が増える。この利払い費の増加について、財務省は今年初めに「平成三〇年度予算の後年度歳出・歳入への影響試算」で金利が一％上昇した時の試算を行なっている。それによると、翌二〇一九年度に金利が一％上がったとすると、その年度の利払い費は今の金利で試算した時よりも一兆円増える計算となる。

そして次の二〇二〇年度は四・四兆円増、その次の二〇二一年度は六・七兆円増と試算されている。そして、その場合には利払い費を含めた国債費は、二

〇一八年度二三・三兆円、二〇一九年度二六・三兆円、二〇二〇年度二九・八兆円、二〇二一年度三三・三兆円となっている。

この数字を元に、四％金利が上昇した時の試算を行なってみよう。厳密には異なるだろうが大差はなさそうなので、先ほどの増加額の数字を単純に倍で考えてみる。すると、国債費が二〇一八年度二三・三兆円、二〇一九年度二八・三兆円、二〇二〇年度三四・二兆円、二〇二一年度四〇・〇兆円となる。

もっとも、前提条件が異なれば結果も異なるわけで、この数字を鵜呑みにするのは危険だ。しかし、考えてみて欲しい。国債費が三四兆円、四〇兆円かかるとなれば、今の社会保障費よりも大きい数字であり絶望的な数字なのである。

実は、川上氏の予想では、金利は四％のままではないという。

彼の予想には続きがあって、さすがに金利がそこまで上がると慌てた政府が、大規模な国債の買い支えを行なうため、金利は一旦下がるという。しかし、追ってとんでもない事態がやってくる。彼の言葉をそのまま使うと「その後、本当の暴落がやってきます。その時は、政府日銀による買い支えも何の効果もないでしょう。無制限に国債価格は下がります。その時、金利は六％以上にはなるでしょうね」――こうなれば、もはやパニックである。日銀も政府も国債もすべて信頼を失い、民間の金融機関も巻き込んで日本中がパニック状態。日本円は、とめどもなく売られ続けられるかもしれない。

その時、新たな伝説的な投資家が誕生するかもしれない。かつてジョージ・ソロスがイギリスの中央銀行であるイングランド銀行を打ち負かした男として名を馳せたように。後世に「日銀を打ち負かした」と言われる伝説の人物の登場である。もしかしたら、日銀ではなく「日本そのものを負かした人物」と呼ばれるかもしれない。こんな冗談でも考えていなければ、日本国債の現状分析は恐ろし過ぎてやっていられない。

第四章

国家破産の全貌

——国家破産で起きる六つの出来事

国家は何度でも破綻する

日本を千数百年にわたって支えてきた仏教には、意味深長な言葉がいくつも存在する。中でも「因果応報」という言葉は、現在の日本人がもっとも注意すべき内容を含んでいる。

二〇一八年の日本は、アベノミクスによって低金利と好景気を謳歌しているが、実はその裏で日銀による国債の実質的引き受けとツケの先送りというとんでもない行為を繰り返している。借金の増加の原因そのものには手を付けず、対症療法のみを行なっているこのツケは、いつかとんでもない形で私たちの頭上に降りかかってくるだろう。

仏教は、人間の生老病死と煩悩について様々な教えを説いているが、安倍首相はそうした宇宙の根本的摂理を無視した行為が将来、どういう結末を生むかを考えたことがないらしい。自民党政権とアベノミクスによって、わが国の財政はすでに再建不可能という状態となり、人間にたとえればまさに末期がん患者の様相を呈している。その先にあるのは「死」のみである。

ただ、人間の死はそれによって身体が消滅するが、財政の死は国家の消滅を意味しない。人間は死によってその一生を終えるが、財政は破綻しても国家は存続する。国家破産は国家の終わりではなく、苦難の始まりなのである。

では、国が破産するとどのようなことが起こるのだろうか。歴史を振り返ると、主に次の六つのことが起きている。「ハイパーインフレ」「大増税」「徳政令」「すさまじい大不況」「治安の悪化」「国そのもののパラダイム大転換」――これら六つの出来事は、そのいくつかが起きる場合もあるし、六つすべてが起きる場合もある。これら六つの出来事について、詳しく見て行こう。

一、ハイパーインフレ――悪性インフレが政府と家計を襲う

国が破産すると、ハイパーインフレが引き起こされることが多い。ハイパー

インフレは、通常のインフレとは性質がまるで違う。通常のインフレは好況下で起きる、いわば良性のインフレだ。それに対してハイパーインフレは悪性インフレであり、極端な物価の高騰が家計に大きな打撃を与える。

ハイパーインフレが長期化すると、多くの物価は想像を絶する上昇を見せる。仮に年率一〇〇％のインフレが発生すれば、物価は一年で二倍になる。そのインフレ率が続けば、物価は二年後に四倍、三年後に八倍という具合に上昇し、五年後に三二倍、一〇年後には一〇二四倍になる。一〇〇万円の軽自動車が一〇年で一〇億円に値上がりする状況だ。「理屈はわかるが、ちょっと大げさなんじゃないの」と思われるかもしれない。無理もない。このような物価上昇は非常識的なものであり、非現実的なものと考えるのが普通だろう。

ところが、ひどいインフレになるとこの程度ではすまない。後述するが、歴史を振り返ると、年率数千％、数万％というすさまじいハイパーインフレが何度も発生しているのだ。しかも、それははるか遠い昔の出来事に限らない。本書を執筆している二〇一八年六月、年率一万％のハイパーインフレに見舞われている国が実際にあるのだ。その国はベネズエラである。年率一万％のハイパーインフレとは、たったの一年で物価が一〇〇倍に暴騰することを意味する。もはや家計は成り立たず、多くの人々の生活は完全に破壊される。

インフレと連動し、通貨価値も下落する。日本で言えば、円安が進行するわけだ。ハイパーインフレともなれば、通常では考えられない極端な為替レートになるはずだ。インフレ率一〇〇％なら一年後に物価が二倍になる。逆に通貨価値は半分になるわけだから、一ドル＝一〇〇円だった為替は一ドル＝二〇〇円になる。インフレ率一万％ともなれば、一年後に物価は一〇〇倍、為替は一ドル＝一万円になる。もちろん為替の決定要因はいくつもあり、物価に完全に連動するわけではないが、極端なインフレは極端な為替レートをもたらすことは間違いない。

国家破産により、政府の信用は失墜し、国債も暴落する。国債は政府の借金の借用証書だ。破産となれば、借金がきちんと返済されない可能性が高まる。実際、破産した国の国債はデフォルト（債務不履行）となることが多い。債務の支払いが減免されるわけだ。当然、国債価格は大きく下落する。国家破産により、国債は政府が支払いを保証する極めて安全な金融商品から、極めて危険な金融商品へと一変するのだ。

そうなると、国債を保有している投資家は大きな損失を被る。現在、日本国債をもっとも多く保有しているのは日銀だ。かつては銀行や保険会社など民間金融機関が最大の保有者だったが、二〇一七年に逆転した。財務省が発表した「国債等の保有者別内訳（平成三〇年三月末（速報））」によると、九九五兆六八〇六億円の国債のうち、銀行などが一九・〇%、生損保などが二〇・六%と民間金融機関の合計が三九・六%なのに対して、日銀が四三・九%となっている。

このような状況で、国債が暴落したらどうなるか？　日銀は国債という大量の不良資産を抱えることになり、日銀の資産は劣化する。その結果、日銀の信用力は低下する。これは大変な事態を引き起こす。私たちが使用するお札、つまり日銀券は元々単なる紙キレ、というより本当に材質は紙だ。その紙キレに一万円や五〇〇〇円といった価値を持たせているのは、日銀という中央銀行の信用に他ならない。中央銀行の信用が失われれば、紙幣は文字通り紙キレになりかねないわけだ。紙キレとまでいかなくても、紙幣の価値が大きく低下する可能性がある。それは、やはり大幅なインフレ、円安を引き起こす。

国債暴落により、金利はもちろん急騰する。金利上昇もまた債務者を苦しめる。借り入れの多い企業は利払い負担の急増に苦しみ、業績が悪化、破綻に至る企業も増加する。住宅ローンの返済に行き詰まる個人が急増し、身の丈を超えたローンを組んだ人はあっという間に破産に追い込まれる。

保有額は減っているとはいえ、銀行や生損保などの民間金融機関も大量の国債を保有している。国債が暴落すれば、これら金融機関の資産も劣化し、経営を圧迫する。破綻する金融機関も少なくないはずだ。多くの金融機関が融資を行なう余裕を失い、貸し渋りや貸し剥がしが横行する。それがさらに、民間企業の倒産や個人の自己破産を増加させる。おそらく、九〇年代後半の大手金融機関がバタバタ潰れた状況よりもはるかに厳しい、極めて深刻な金融危機に見舞われるだろう。

二、大増税——すでに社会保障負担率という形で始まっている

国家が破産すれば、税金をはじめとする国民負担も増大する。本来なら国家が破産する前に増税を行ない、破産しないように財政運営するのが筋だが、言うまでもなく増税というのは不人気であり、国民になかなか受け入れられない。誰だって増税などの痛みは嫌だし、今の日本のように財政が破綻していない状況、つまり国民生活が曲がりなりにも維持されている状況で大幅な増税に理解を示す人は決して多くない。

そして、選挙の洗礼を恐れる政治家は国民の顔色を窺い、必要だとはわかっていても増税に二の足を踏む。そのため、増税を含め財政改革の類はどうしても後手に回り、気付いたらすでに手遅れということになりがちだ。

現在の安倍政権も、財政については極めてポピュリズム的と言える。消費税率を二〇一四年に八％に引き上げた後、一〇％への引き上げを二度も先送りし

た。二〇一五年一〇月に予定されていた引き上げは、二〇一七年四月に延期され、さらに二〇一九年一〇月へと再延期された。延期の理由は一度目が「景気の低迷」、二度目が「新興国の景気の落ち込みで、世界経済が大きなリスクに直面している」というものだった。

「実感なき景気回復」とは言われるものの、本書を執筆している二〇一八年六月現在、わが国経済は戦後二番目に長い景気拡大局面にある。つまり、力強さには欠けるものの、一応は好景気ということだ。それにも関わらず、安倍政権は二度も増税を先送りしたのである。高度成長期、あるいはバブル期のような強力な景気拡大局面でも来なければ、増税する気がないのかもしれない。

消費増税の延期は、単に時期が後ずれするという単純なものではない。二%分の増税を今行なうのと二年後に行なうのとでは、財政改善の効果は異なる。何しろわが国の財政は、今この瞬間も悪化を続けているのだ。当然、増税時期が遅れるほど財政改善効果は低下する。増税時期を遅らせた場合、当初予定していた時期に増税するのと同じ効果を得るには、税率の引き上げ幅を大きくしなければならない。つまり、先送りすればその分、より大きな税負担が課せられることになるわけだ。

増税延期と聞くと、ホッと一安心という気持ちになる人も多いと思うが、長い目で見ると実はかなり恐ろしい選択をしているということだ。ツケは、同じ状態で先送りされるわけではない。ツケの先送りによって、そのツケは確実に大きくなって私たちに重くのしかかるのである。

消費税をはじめ税負担は比較的抑制されている一方、社会保険料の負担は増加し続けている。サラリーマンの方であれば、給与明細を見て、「所得税や住民税に比べ、厚生年金保険料はずいぶん高いなあ」と社会保険料の負担の重さを実感する人も多いだろう。実際、この三〇年間を振り返ると、国民所得に占める租税負担率は一九八八年度が二七・二％であったが、二〇一八年度（見通し）は二四・九％と若干低下している。それに対し、社会保障負担率は一九八八年度の九・九％から二〇一八年度（見通し）には一七・六％と大幅に上昇している。消費税をはじめ増税に対する抵抗感が強い中、このようないわば「見えざる増税」はすでに始まっているのだ。

二〇〇四年の年金制度改正に基づき、段階的に引き上げられてきた年金保険料は二〇一七年に引き上げが終了している。今後は、国民年金保険料が一万六九〇〇円、厚生年金保険料率が一八・三％で固定される。

ただ、本当にこの保険料（率）のままで年金制度が維持できるのかについては、懐疑的な人も多いに違いない。今後、労働人口の減少と高齢者の増加はますます加速する。年金制度の維持には、保険料のさらなる引き上げ、あるいは年金支給額の減額が必要になるのは間違いない。

いずれにしても、少子高齢化に加え極度に悪化した国家財政を考えると税金、社会保険料などの国民負担は、相当重いものになることは避けられない。

三、徳政令――国民にとってはもっとも恐ろしい政策の一つ

徳政令とは、債権・債務の契約を破棄することである。前述の国債のデフォ

ルトもまさに徳政令だ。国債がデフォルトすれば、投資資金（国に貸したお金）の回収は非常に困難になる。

預金封鎖も徳政令の一種と言ってよい。ある日突然、預金の引き出しや海外送金に制限がかけられる。預金の引き出しに制限をかけることで、個人金融資産を把握し、その資産に対して財産税をかける。預金が封鎖されている間に、ハイパーインフレにより資産価値が大幅に下落することもある。

日本でも、戦後間もない一九四六年（昭和二一年）に預金封鎖が行なわれた。当時の日本は戦時中の巨額の軍事支出により通貨供給が著しく増加する一方、生活必需品は極端に不足していたため、ハイパーインフレに陥っていた。政府は、インフレ対策の名目で預金封鎖を断行した。

預金封鎖と同時に、新円切換が行なわれた。一人当たり一〇〇円に限り旧円と新円の切換が許され、それ以外の旧円は強制的に預金させられた。封鎖された預金から引き出しが許されたのは、一ヵ月当たり世帯主が三〇〇円でそれ以外の家族は一〇〇円だけだった。こうして銀行預金に加えタンス預金までもが封鎖の対象になり、これに財産税がかけられた。当時の財産税は資産の額が多いほど税率が上がる超過累進課税になっており、最高税率はなんと九〇％であった。預金封鎖は約二年半続き、その間の激しいインフレにより封鎖が解除された時には預金の価値は大幅に目減りした。その結果、多くの資産家が財産を失った。一方、政府の方は財産税導入によって巨額の税収を確保でき、ハイパーインフレにより実質的な債務負担が大きく軽減された。

国民にとって預金封鎖ほど恐ろしいものはない。自分のお金であるのにも関わらず使うことが許されず、財産が蝕まれて行くのだ。ひとたび預金封鎖に巻き込まれれば、もはや財産を守ることはできない。預金者は、手足を縛られたも同然で、何もすることができないからだ。

しかし、財政危機に陥った国であっても、預金封鎖はそう簡単には行なわれない。副作用があまりにも大きいからだ。預金封鎖を行なえば、財産税の課税による税収増やインフレによる債務負担の軽減が期待できる。しかし、その一方で日本国の信用は失墜する。市場では「日本売り」の嵐が吹き荒れ、日本円、日本国債、日本株は暴落するに違いない。金利の急騰や株の暴落は民間経済に大打撃を与える。当然、税収も大きく落ち込む。国債発行により財源を確保しなければならないのに、もはや破綻国家の国債など誰も買ってくれなくなる。預金封鎖は政府にとっても諸刃の剣であり、その実施は日本国の息の根を止めかねないのである。

そのため、預金封鎖は国家破産の末期に実施されることが多い。ハイパーインフレの嵐が吹き荒れる大混乱の最中、もはや打つ手がなくなり預金封鎖の実施に追い込まれるのである。

四、すさまじい大不況――モノを買うことができなくなる

国家破産は多くの場合、インフレを伴う。インフレは通常、景気が良い時に生じるが、国家破産状態は当然ながら好景気ではない。生活に困窮する国民が増えるわけで、すさまじい大不況になる。通常、不景気になれば物価は下落す

るものだ。しかし、国家破産は悪性インフレを引き起こすため、景気が悪かろうが物価は下がらないのだ。

こうして、景気が悪いのに物価が上がるという最悪の状態、「スタグフレーション」に陥るのである。極度のスタグフレーションにより、ほとんどの人はモノを買うことができなくなる。スタグフレーション、すなわちインフレ不況ほど厳しいものはない。おそらくデフレ不況の方がはるかにマシだろう。

たとえば、現役サラリーマンであれば、厳しい不況下でもとりあえず失業さえ避けられれば生活はなんとかなるものだ。給料が多少下がっても物価も下がるから、実質的な給料の価値はある程度維持される。給料が上がりも下がりもしなければラッキーだ。物価が下がる分、実質的な給料の価値は高まり、むしろ生活は楽になるわけだ。

逆に、インフレとなると生活水準の維持は非常に難しくなる。好況時の良性インフレであれば、給料も十分に上がって行くので問題ないが、不況下の悪性インフレでは多くのサラリーマンの給料は十分には上がらない。さすがに、ハイパーインフレになればあらゆる物価がすさまじい勢いで上昇するため、当然サラリーマンの給料も上がるだろう。しかし、景気が悪く業績が振るわない中で、インフレに先行して給料を上げる企業などあるわけがない。当然、インフレの後追いで給料が上がって行くはずだ。

たとえば、インフレ率一〇〇％のハイパーインフレとなり、物価が一年で二倍になったとすると、サラリーマンの給料は八〇％かせいぜい九〇％くらいまでしか上がらない、といったことが起きる。その結果、ほとんどのサラリーマンの実質的な所得は減少し、生活水準はどんどん下がって行く。

年金生活者についても同様だ。わが国の公的年金は物価スライドの仕組みを取ってきた。物価の変動に応じて年金額が増減する仕組みで、デフレになれば年金額は減額され、インフレになれば年金額は増額される。その結果、年金額の実質価値が維持されるわけだ。

では、問題ないのかというとそうはいかない。やはり問題は、年金額が物価の変動に十分対応できるかどうかという点だ。国家破産ともなれば年金財政も当然、悪化する。十分な年金額を給付する余裕はなくなるわけで、給付額はインフレ率を下回るに違いない。その分、生活水準は低下することになる。

そもそも、正確に言えばわが国の公的年金はすでに完全な物価スライド制ではない。年金財政が悪化する中、被保険者（現役世代）の減少と平均余命の伸びにより年金額が減額される「マクロ経済スライド」と呼ばれる仕組みが導入されている。すでに現時点で、公的年金はインフレに完全には対応できていないのだ。年金財政の悪化を考えれば、国民から見たこのような制度改悪は今後も次々と繰り返されるに違いない。

いずれにせよ、国家破産時にはインフレと不況というダブルパンチにより、多くの国民の生活が極めて厳しい状況になることは避けられない。

五、治安の悪化――貧すれば鈍す

国家が破産した場合、激しいインフレや金利の暴騰、増税などにより民間経済も疲弊する。生活が苦しくなる人が増えるわけで、当然治安も著しく悪化する。窃盗や詐欺などはまだかわいい方で、強盗や誘拐、殺人なども多発するに違いない。人心は荒廃し、人々はささいなことで簡単に人を殺すようになる。昨今、よく聞かれる「キレやすい××」などという次元ではない。安心、安全に日常生活を送ることは、もはや困難になる。

特に資産家は強盗や誘拐などのターゲットになりやすい。アルゼンチンでは国家破産による混乱時、資産家の家族は護衛を付けて行動しなければならなかったという。また、ロシアでは郊外の一戸建てには恐くて住めない状況で、アパート形式の住居に住む人が多かったという。いつ犯罪の被害に遭うかわからないからだ。タクシー車内の強盗事件も多発した。乗客が運転手をナイフで脅し、金を奪うのだ。ただ、強盗になるのは乗客とは限らない。逆に運転手がナイフを出して乗客に「金を出せ」と要求することもあったというから驚く。乗客と運転手、どちらが先に強盗になるか？　という信じがたい状況だ。

政治も不安定になる。ひとたび火が着いた国家破産という大火災を、短時間で鎮火することができる魔法使いのような政治家がいるはずもない。極右や極左、ポピュリズム政党など様々な政党が乱立し、政局は安定しない。政党間の激しい対立は国民同士の対立、分断を生み、社会は不安や不満、憎悪の感情に支配され、それがますます治安を悪化させる。

日本国が破産した場合、比較的治安が良いとされる現在の日本では想像できないほど治安が悪化し、しかもそれが長期化することが避けられないだろう。

六、国そのもののパラダイム大転換――世の中が大きく変わる

国家破産による大変動は、世の中を大きく変える。それは、「パラダイムの大転換」とも呼ぶべきものだ。歴史にはある種のパターン性があり、実は日本の近代の歴史を振り返ると、四〇年ごとに成長と後退を繰り返す法則性が見られる。パラダイム大転換に伴う混乱の後、約四〇年の間、日本は目を見張るような成長を遂げる。その成長がピークを迎えると、今度は逆にきつい下り坂を転

がり落ちて行く。そして、その後に再び混乱期がやってくるわけだ。

具体的に見て行こう。最初の起点は一八五三年の黒船来航だ。これにより江戸幕府が抱える問題や矛盾が一気に噴出し、一五年におよぶ大動乱期に入った。そして一八六八年の明治維新により、パラダイムは大転換した。明治政府は富国強兵を国策に掲げ改革を推し進め、近代国家へと生まれ変わった。国力を付けた日本は開国の際に結ばされた不平等条約を次々に改正し、一九〇五年にはロシアという大国に辛くも勝利するまでになった。

しかし、この日露戦争をピークに発展の時代は終わり、その後四〇年間後退の時代を迎える。関東大震災や昭和恐慌など次々に国難に見舞われ、ついには太平洋戦争の敗戦に至り、日本は奈落の底へと突き落とされた。

戦後の大混乱を経て、日本は再びパラダイムの大転換を迎える。敗戦から五年、一九五〇年の朝鮮戦争を契機に日本は大復活を遂げる。その後高度成長を経て、一九八〇年代後半にはバブル景気を謳歌した。しかし一九九〇年二月、日本株は大暴落し、ついにバブルは崩壊。約四〇年間の成長の時代を終えたのである。

　現在は、一九九〇年を起点とする後退の時代にある。この「四〇年パターン」が有効だとすると、現在の下り坂の底は二〇三〇年頃ということになる。バブル崩壊から三〇年近く経つが、日本の厳しい状況は二〇三〇年頃までは続く可能性が高い。パラダイム大転換が近づくにつれ、日本の混迷度は深まり、大動乱期を迎える。それをもたらす大きな要因が、国家破産ということになるだろう。

国家破産の実例——ロシア

　では、いよいよ過去に起きた国家破産の実例を見て行こう。まずはロシアだ。

　一九九〇年から一九九一年にかけてのソ連崩壊は、ロシア国民に猛烈なハイパーインフレ（通貨ルーブル安）をもたらした。以前、ロシアで現地取材した際に得た情報では、もっともひどい時には年率七〇〇〇％ものインフレが約三年間も続いたようだ。自国通貨で全財産を持っていた多くのロシア国民の生活は、みるみるうちに苦しくなって行った。しかし、これは国家破産の第一波に過ぎず、追い打ちをかけるように第二波、第三波がロシア国民に襲いかかった。

第二波は九四年に訪れた。ロシア政府が突然、デノミを断行したのである。ハイパーインフレにより価格の桁数が多くなると、計算が大変だしミスも起きやすい。そこで、何桁かゼロをカットし桁数を少なくするのがデノミだ。一〇〇分の一デノミであればゼロを二つ、一〇〇〇分の一デノミであればゼロを三つ取るわけだ。通常のデノミであれば、モノ、サービス、給料、税金に至るまであらゆるものの価格から一律にゼロがカットされるので、基本的に生活には影響しない。

しかし、この時のデノミは違った。なんと、通貨価値そのものを一〇〇〇分の一に切り下げてしまったのだ。一億円持っていても、その価値はわずか一〇万円ということになる。ロシアの人々にとって、この第二波は本当にきつかったという。あまりにも突然の出来事で、手の打ちようがなかったのだ。

続く第三波は、まさにとどめの一撃となった。九八年、ロシア国債はついにデフォルト（債務不履行）し、ロシア経済の信用は地に落ちた。そして、預金封鎖が行なわれ、多くのロシア国民が財産を失った。驚くべきことに、貸金庫に預けていた財産までもが没収されてしまったのだ。

これら三つの大津波により、大部分のロシア国民の財産は失われた。多くの国民が貧困層に転落し、中間層は激減した。生活水準の悪化により、出生率が低下、死亡率が上昇した。その結果、人口は急激に減少した。ウォッカなどの酒の飲み過ぎで健康を損ねたり、自ら命を絶つ者も増加し、九〇年代半ばにかけて平均寿命は大幅に低下した。

一方、ごく一部（全人口の三％程度）の人々は資産を保全、さらに劇的に殖やしている。彼らは、資産の大部分をドル建てにして海外に出していたのである。モスクワやサンクトペテルブルグなどの都市部では、大型スーパーマーケットが続々開業し、高級住宅や高級外車の販売が急増した。こうしてロシアは、ごく一部の富裕層と大多数の貧困層とで極端な二極分化が進んだ。

国家破産の実例――トルコ

トルコの国家破産は少々異色で、ひと言で言えば「ダラダラ国家破産」という感じだ。一九七〇年頃から約三〇年もの間、破産状態が続いたのである。

二〇〇一年には政治家の激しい対立をきっかけに、トルコは深刻な金融危機に見舞われた。トルコリラは暴落しインフレが加速、金利はなんと一万五〇〇〇%へと大暴騰し、トルコは混乱を極めた。あまりにも急激な変動のため、モノの値段はいくらが適正なのかさえ誰にもわからない状態で、ありとあらゆる取引がストップした。経済は完全に麻痺状態となり、企業の倒産が相次ぎ、多くの労働者が職を失った。政府の無策に対し国民の不満が高まり、多くの都市でデモが発生した。一部は暴動へと発展し、抗議の自殺をする人もいた。

七〇〇〇%ものハイパーインフレに見舞われたロシアに比べれば、トルコのインフレ率は高くはなかった。ピーク時でも一二〇%程度である。

では、トルコのハイパーインフレはロシアよりも深刻ではなかったかというと、そんなことはない。インフレ率が極端に高くなくても、それが長期間続くと物価は信じられないほどの水準に高騰するのだ。仮にインフレ率五〇％という比較的軽いハイパーインフレだったとしても、それが何十年も続くととんでもないことになる。物価は一〇年で五七倍、二〇年で三三二五倍、三〇年では一九万一七五一倍まで高騰する。三〇〇万円の自動車が、三〇年後には五七五二億五三〇〇万円になる計算だ。物価が一九万倍になるということは、逆に通貨価値は一九万分の一になることを意味する。

実際のトルコリラの通貨価値は、一九七〇年〜一九九九年までの三〇年間で約一二万分の一になったという。一億二〇〇〇万円の資産を持っていたとしても、三〇年後には一〇〇〇円の価値になってしまうことを意味する。

インフレ時には金利も上がる。インフレを抑えようと、中央銀行が金利を引き上げるためだ。トルコでは銀行の預金金利もかなり高く、銀行は預金を集めるためＴＶコマーシャルなどで高金利預金を盛んに宣伝していたという。しかしハイパーインフレ下では、どんなに高金利であっても物価はそれ以上に上昇することが多い。結局、トルコの高金利預金もインフレ率には追いつかず、実質的には目減りを余儀なくされた。

慢性的な国家破産状態が続く中、トルコの人々にとって資産をトルコリラで持つのは自殺行為であり、ドルで持つのが常識であった。彼らは、必要な時に必要な分だけ米ドルをトルコリラに替えて使っていた。トルコの人々の暮らしは、長らくハイパーインフレと共にあったのだ。

国家破産の実例――ギリシャ

リーマン・ショックに続き世界経済を動揺させた欧州債務危機のきっかけになったのが、ギリシャの国家破産である。二〇〇九年の政権交代により財政赤字の隠ぺいが明らかになると、ギリシャは瞬く間に財政危機に陥った。ＥＵ（欧州連合）、ＩＭＦ（国際通貨基金）、ＥＣＢ（欧州中央銀行）からの金融支援を受ける代わりに、公務員の人員削減や給与カット、増税など厳しい緊縮財政を強いられた。これにより財政危機は沈静化したものの、ギリシャは深刻な不況に陥った。二〇〇八年以降六年間もマイナス成長が続き、多くの国民の生活は苦しくなった。失業率は約二七％に達し、特に若年層（一五〜二四歳）の失業率は六〇％を超えた。

多くの国民の生活は苦しくなり、緊縮財政に対する国民の不満が高まって行った。二〇一五年に反緊縮を掲げる急進左派連合（ＳＹＲＩＺＡ）が総選挙で圧勝しチプラス党首が首相に就任すると、債務の減免を求めるギリシャと緊縮を要求するＥＵとの対立は深まった。支援協議は決裂し、いよいよギリシャの財政破綻リスクは高まった。危機感を強めた国民により、国内の銀行からは多額の預金が引き出された。

二〇一五年六月、ギリシャはついに預金封鎖に踏み切った。銀行の営業を停止し、現金の引き出しは一日六〇ユーロに制限された。海外送金にも規制がかけられ、証券取引所は休場となった。

生活に困窮する人々はますます増えて行った。その窮状が『現代ビジネス』（二〇一五年七月一二日付）の記事「【現地ルポ】他人事ではない！「借金まみれ」ギリシャを見て、一〇年後の日本を思う」に掲載されているので一部を紹介しよう。

ほんの一例を挙げれば、失業者や貧困者が街には溢れ出す。自宅のローンが支払えない人たちや、長い失業で家賃が払えない人たちが家財道具一式を車に詰め込み、車上生活する姿も散見されるようになりました。（中略）

公立病院が医薬品や衛生用品などを購入する費用を政府が捻出することができないため、公立病院にそれらが納品されない状況になっている。そのため緊急の手術は受けつけるけれども、急を要さない手術などは無期延期状態。早期に治療できず、以前なら助かる病気も助からないという悲劇的な事態に陥っています。（中略）

定職があっても月収が三〇〇〜五〇〇ユーロほど（約四万〜七万円）なので、家賃と光熱費を支払ったらなにも残らないどころか、足りない。一日に卵一個の食事しかとれない若者もいます。

以前はメトロなどで物乞いをするのは不法移民などでしたが、最近ではギリシャ人が病気の子供を救いたいなどと涙ながらに訴えて、車両を渡り歩いて物乞いをしている。

（『現代ビジネス』二〇一五年七月一二日付）


首都アテネが運営するフードバンク（無料給食施設）には、困窮した多くの人々が配給を受けるために集まる。利用できるのは、一定水準以下の貧困層に限られる。フードバンクに登録されている世帯数は二〇一二年にはわずか二五〇〇世帯であったが、二〇一七年には約一万一〇〇〇世帯と大幅に増えているという。国家破産によりギリシャ経済の規模は七五％に縮小し、数千社の企業が倒産した。そして、中間層以下の人々を中心に多くのギリシャ国民の生活が破壊されたのである。

国家破産の実例——ジンバブエ

文字通り通貨が紙キレ、いや紙キレの価値すら失われた史上最悪のハイパーインフレを経験したのがジンバブエだ。

ジンバブエは、一九八〇年代からインフレ率はほぼ毎年二桁の高インフレ国であったが、二一世紀に入りインフレに火が着いた。一九八〇年のジンバブエ共和国建国以来、権力を握り続けたムガベ大統領の失政が原因だ。二〇〇〇年、彼は白人が所有する農場を強制収用し、黒人農民に再配分する政策を開始した。

その結果、白人が持っていた農業技術は失われ、食糧危機が発生、多くの産業が打撃を受けた。ジンバブエ経済は一気に疲弊し、二〇〇一年以降、毎年三桁以上のインフレ率を記録するハイパーインフレに突入した。

二〇〇六年にはインフレ率は一二八一％と四桁になり、二〇〇七年には六万六二一二％と五桁になった。物価が一年で六六二倍になるすさまじいハイパーインフレだ。しかし、ジンバブエのインフレはこんなものでは収まらず、その後、もはや数えることすら不可能なほど天文学的なパーセンテージのインフレに見舞われた。

二〇〇八年に入るとインフレはさらに加速し、公式発表でさえ三月に三五万五〇〇〇％に達した。しかし、実際のインフレ率はこれをはるかに上回っていたようだ。非公式ながら、六月には九〇三万％、一一月には八九七垓％に達したという。そして、二〇〇九年一月には「六五×一〇の一〇七乗」％というほとんど理解できないようなインフレ率となった。六五の後にゼロが一〇七つ付く数字で、二四・七時間ごとに価格が二倍になるという。つまり、ほぼ毎日、物価が二倍になるということだ。毎日物価が二倍になると、一〇日で約一〇〇〇倍、一ヵ月で約一〇億倍に高騰する。

インフレが進むにつれ、経済は大混乱に陥った。あまりの物価の変動により、商品を売買するにも適正価格が誰にもわからない。経済活動がストップし、大半の工場が閉鎖を余儀なくされた。スーパーマーケットなどの店頭からは食料品や日用品がどんどん少なくなり、やがて店内の棚からはほとんどの商品がなくなった。生活必需品がまったく手に入らない状態だったという。

スーパーマーケットにトラックが到着すると、「商品が入荷するのでは？」と一気に噂が広まり、人々が殺到した。ようやく手にした商品を買うためにレジに並んでいると、その間に値段が上がることさえあったという。

インフラの維持もままならなくなった。水道が止まっても、停電が起きても、電話がつながらなくなっても修理されず放置された。ゴミ収集や町の清掃も滞り、町のあちこちにゴミが散乱した。道路も補修、整備が行き届かず、ボロボロの状態であった。

医療体制も崩壊した。多くの病院で医薬品が不足し、満足な治療ができなかった。ジンバブエでは、二〇〇八年から二〇〇九年にかけてコレラが流行したが、その際にも多くの人が十分な治療が受けられなかった。数万人に感染が拡大して、数千人が命を落とした。

あまりのハイパーインフレにより、ジンバブエドルは二〇〇九年に発行が停止され、米ドルや南アフリカランドなどが流通した。二〇一五年には、正式にジンバブエドルの廃止が決まった。ジンバブエは国家破産により、自国通貨をも失ったのである。

国家破産の実例――北朝鮮

独裁国家、北朝鮮の経済的苦境は広く知られている。ムガベ大統領の失政により国家破産したジンバブエと同様、北朝鮮でも為政者の誤った政策が経済を疲弊させてきた。今世紀に入り、農業や工業の生産力は大幅に低下し、物不足でインフレが加速、貧富の差が拡大した。配給制度も崩壊し、国内各地で非公認の市場ができた。

二〇〇八年には金融危機により世界経済が冷え込み、さらに韓国との関係悪化もあり、政府の資金繰りが悪化した。そのような状況の中、二〇〇九年一一月、北朝鮮政府は突如デノミを断行した。しかしこの時のデノミは、ゼロを何桁かカットする通常のデノミではない。その内容は、驚くべきものである。政府は、通貨ウォンのゼロを二桁カットした。旧一〇〇ウォン＝新一ウォンの交換レートで、国民が保有する旧ウォンを新ウォンに交換させた。

ところが、交換できる金額には上限が定められ一世帯当たり一〇万ウォンとされた。この一〇万ウォンという額は、地方都市の中間層の生活費一ヵ月分程度だという。では、一〇万ウォンを超える旧ウォンはどうなったか？　紙クズである。交換期限はわずか一週間であった。日本に置き換えれば、新円切換で新円に交換できる上限は三〇万円。この金額を超える資産（旧円）は紙クズ、ということだ。たとえば一〇〇〇万円の現預金を持っている人は、三〇万円だけ受け取ることができて九七〇万円はパーになるわけだ。

これはもはや、通常のデノミとは似て非なるもので、むしろ徳政令に近い。国家による事実上の財産没収である。また、外貨の使用も禁止され、外貨を国家に献納させることで、外貨不足の緩和を狙ったという。この政策により、苦しい生活の中で必死に貯めてきた財産が一瞬にして奪われ、多くの人々が途方に暮れた。独裁国家とはいえ、これにはさすがの国民も反発を強めた。

そこで、政府は国民の不満を抑えるため、驚くことに労働者に対してデノミ前と同額の給料を支払うことにした。労働者の給料は一〇〇倍に増えるわけで、これによりインフレに火が着いた。売り惜しみも横行し、物価は毎日のように上昇したという。

アメリカのシンクタンク「ケイトー研究所」のワーキングペーパー「ワールド ハイパーインフレーションズ」によると、二〇一〇年三月初めのインフレのピーク時には、インフレ率は日次で六・一三%、月次では四九六%に達したという。一一・八日で物価が倍増するペースだ。もっとも一般的な年率のインフレ率に換算すると、約二五〇〇億%となる。日次六・一三%のインフレがもしも一年間続いたら、物価は一年で二五億倍になるということで、いかに強烈なハイパーインフレであったかがわかる。

この混乱により、少なからぬ人々が食糧を手に入れるために家を売り払い、ホームレスへと転落して行った。飢餓で命を落とす人、自殺する人も多かったという。

国家破産の実例――アルゼンチン

これまで何度もデフォルトしているアルゼンチンも国家破産の〝常連〟だ。経済運営の失敗もあり、一九七〇年代中盤から一九九〇年代初頭にかけてアルゼンチンは慢性的なハイパーインフレに苦しめられてきた。特に一九八九年にはインフレ率は三〇〇〇％近くに達した。九二年に一ドル＝一ペソとする固定相場制を導入したことでインフレが収まり、アルゼンチン経済は好転したが、それも長くは続かなかった。

基軸通貨の米ドルと等価という身の丈を超えた通貨高により、国際競争力が低下、経常赤字が拡大し、アルゼンチン経済は悪化して行った。やがて資本流出が加速し、アルゼンチンに対する信認は失われて行った。

二〇〇一年一二月には預金封鎖が実施され、預金の引き出しは週に二五〇ドル（約二万七五〇〇円）、海外送金は貿易を除き月に一〇〇〇ドルまでに制限された。固定相場は維持不可能となり、変動相場制に移行した。ペソは瞬く間に暴落し、一ドル＝三ペソとなった。

再び、物価も上昇傾向を強めた。物価が上昇したのにも関わらず、不況のため、給料が大幅にカットされた労働者も少なくなかった。ＩＭＦのデータベースによると、二〇〇二年にはＧＤＰ成長率がマイナス一〇・八九五％、失業率は二二・四五％に達した。当然、生活は厳しくなり、多くの人々が貧困層へと転落した。二〇〇二年の貧困率は五〇％を超えた。国民の不満が高まり各地で暴動が発生、暴徒化した人々が商店を襲い、商品を略奪する事件が多発した。治安は著しく悪化した。国内経済が疲弊し混乱する中、イタリアやスペインなどに移住する人も増えた。

その後、通貨安による輸出競争力の向上もあり、アルゼンチン経済は回復して行った。しかしインフレはなかなか収まらず、ほぼ毎年二桁あるいはそれに近いインフレ率が続いている。インフレに連動してペソの下落も続く。二〇一八年六月には一時、一ドル=二九ペソ台までペソ安が進んだ。国家破産の火種は、いまだ燻り続けているのである。

国家破産の実例——ベネズエラ

最後に、今まさに国家破産状態にあるベネズエラの状況を見てみよう。ベネズエラのインフレ率はすでに一万%を超え、モノ不足が深刻化し経済は混乱状態にある。ベネズエラの経済、社会を混乱させたのもまた失政である。

ベネズエラは世界有数の産油国だ。豊かな原油収入を背景に、チャベス政権時代から大衆迎合的なバラ撒きにより国民の支持をつなぎとめつつ、反米色を鮮明にし強権的な政策を推し進めた。二〇一三年にチャベス大統領が死去すると、大統領選でチャベス路線の継承を訴えたマドゥロ氏が勝利し大統領に就任した。しかし、不運なことに翌二〇一四年から二〇一五年にかけて原油価格が暴落したため、ベネズエラ経済は急激に悪化した。

経済成長率は二〇一四年以降毎年マイナスで、二〇一六年以降は二桁のマイナスが続く。マドゥロ政権下、わずか五年でＧＤＰはほぼ半減した。

ベネズエラは原油収入への依存が極めて高く、国内産業が十分に発達していないため、食品を含め生活必需品の多くを輸入に頼る。原油収入の激減により一気にモノ不足が深刻化し、ハイパーインフレが引き起こされたのである。インフレ率は二〇一五年に一〇〇％を超え、二〇一七年には一〇〇〇％を超えた。

二〇一八年に入り、物価の上昇ペースはさらに加速している。あまりのインフレの激しさに、マドゥロ大統領はインフレ率の公表を停止させているが、議会が独自に集計した結果によると、インフレ率は二〇一八年二月が六一四七％、三月には八八七八％、四月には一万三七七九％、五月には二万四五七一％となった。ＩＭＦは二〇一八年のベネズエラのインフレ率が一万三八〇〇〇％を超えると予測していたが、半年を待たずに早々と超えてしまった。

国内の多くのスーパーマーケットで、入場規制が行なわれている。しかし、スーパーマーケットの陳列棚には商品はほとんどなく、行列に並んでも何も買えないことも多いという。

ベネズエラでは、紙幣も不足している。海外に印刷を発注している紙幣の輸入代金が足りないのだという。銀行で預金を引き出そうにも引き出せない状況が続く。食糧や日用品と同様、現金の入手も困難となるとどうしようもない。何しろベネズエラでは、ハイパーインフレのため買い物をするにも大量の紙幣が必要になるのだ。そのためベネズエラでは、物々交換が行なわれ始めた。

多くの国民の生活が困窮した。食糧の調達が難しくなり、ゴミをあさる人も増えた。食糧不足で多くの人たちがやせ細って行った。貧困率は九〇%にのぼるという調査もある。生活のあまりの厳しさに、国外へ逃れる人が急増した。コロンビアとの国境の橋で、ベネズエラ人の窮状を取材した記事を紹介しよう。

「食事は一日に一回。病院には薬もない。もう限界だった」。大や息子と一緒に来たジュスレイ・ガリドさん（二六）はトランク一つを手

に国境を越えた。「家も車も手放した。これまでの人生が荷物一つだけになった」と涙を浮かべた。

　コロンビア側に着いたベネズエラ人は、価値が急落した通貨ボリバルの札束を持って両替所に殺到する。全貯金を持ってきた男性が窓口で出したのは三〇万ボリバル。闇レートで二米ドル（約二一〇円）以下だ。「これではバスにも乗れない。信じられない」

　国境の橋の横には、現金を得たいベネズエラ人女性から髪の毛を買う業者が集まる。ブローカーの男性は「一日に数十人が髪を売る。ベネズエラ人の窮状ぶりに驚く」。カツラ製作用で、女性が手にするのは八万～二五万ペソ（約三千～九千円）。周辺の町ではベネズエラ人の売春が急増し、未成年者も多いという。

（『朝日新聞デジタル』二〇一八年二月二四日付）


ベネズエラの人口は約三一〇〇万人だが、すでに一七〇万人以上が国外に流出しているという。しかし彼らの多くは難民化し、異国でも厳しい生活が続く。インフレが鎮静化するにはまだまだ時間がかかると考えられ、ベネズエラの人々の苦しい生活は当分解消されそうにない。

＊　＊　＊

以上、ロシア、トルコ、ギリシャ、ジンバブエ、北朝鮮、アルゼンチン、そしてベネズエラと国家破産の実例をご覧いただいた。無謀な政策や財政運営を続ければ、国家というものはいとも簡単に破産するということがよくわかる。

そして国が破産した場合、苦しむのは政府ではなく国民なのである。これらの話は、ひょっとすると二〇三〇年の日本を暗示しているのかもしれない。

第五章　日本の借金と徳政令の話

本来、徳政令とは「思いやりのある政治」？

本章では、「徳政令」について説明する。一般にイメージされている徳政令とは、借金をチャラにすることであろう。しかし実はこの徳政令、詳しく調べて行くとなかなか興味深い政策なのだ。

詳しく知る第一歩として、まずはインターネットで「徳政令」を検索してみよう。ウィキペディア冒頭の説明はこうである。

「徳政令（とくせいれい）とは、日本の中世、鎌倉時代から室町時代にかけて、朝廷・幕府などが土倉などの債権者・金融業者に対して、債権放棄（債務免除）を命じた法令である」（ウィキペディアより）。

借金をチャラにすること。そして、時代は鎌倉時代・室町時代といった中世。確かに、日本史の授業でもこんな風に習った。多くの読者の徳政令のとらえ方も、こんな感じなのではないだろうか。もう少しだけ続きを読んでみよう。

『徳政（とくせい）』とは天人相関思想に基づき、為政者の代替わり、あるいは災害などに伴い改元が行われた際に、天皇が行う貧民救済活動や神事の興行（儀式遂行とその財源たる所領等の保障）、訴訟処理などの社会政策のことであり、『新制』とも呼ばれる。既売却地・質流れ地の無償返付、所領や債権債務についての訴訟（雑訴）の円滑処理などを行うことを通じて、旧体制へ復帰を図る目的があった」（同前）。

なんだか、説明が学校時代の教科書以上に小難しいが、借金をチャラにするだけでなく、売った土地、あるいは借金のカタに取られてしまった土地を元の持ち主に無償で返させたということのようだ。しかし、これがなんで「徳の政治」なのだろうか？

私たちは学校の授業で習った徳政令の知識から、徳政令とは借金をチャラにすることとイメージしているが、徳政の本来の意味とは文字通り「徳の政治」、「お上」の施こす思いやりのある政治がそのいわれなのである。すなわち、当然課せられるべき課役・田租その他徴税の免除――まずはこれであった。

妻子を取り戻す徳政令を発令した戦国大名

徳政令というと、鎌倉時代・室町時代といった中世のイメージが強いが、実は戦国時代にも頻繁に徳政令は出されている。考えてみれば、戦乱の世だから、何でもアリなわけで、本来の土地から逃げ出す者やその土地を奪う者が続出したことは間違いない。それでは秩序が保てないから、戦国大名たちは手中にした土地を元のように落ち着かせるために、しばしば徳政令を発令した。

領国をうまく治めるための手段として、徳政令の本来の意味合い「徳の政治」としての発令もしばしば見られる。享禄元年（一五二八年）、武田信玄の父親にあたる武田信虎が徳政令を発布しているが、この信虎のケースの場合、信虎が治めていた甲斐国が災害に見舞われていたことがわかっており、災害に巻き込まれた農民救済策の一環だったとも考えられている。

相模国の戦国大名・北条氏康も、領内に飢饉が発生した永禄三年（一五六〇年）に徳政令を発布しているが、この徳政令には特筆すべき点がある。多くの徳政令は、鎌倉時代の徳政令と同じく土地権益と債権債務についてのものである。しかし、この北条氏康による徳政令はそれだけではなかった。「妻子、下人の年季売りは取り戻して良し」という項目があるのだ。つまり、驚くべきことに妻子らも債務の担保として売買・質入れの対象になっていたのである。

これは、氏康にとって誇るべき文字通りの「徳政」だったようで、このことを氏康自らが特筆している。ちなみに、この時、氏康は嫡男の氏政に家督を譲っているが、このように大名が家督を譲る時に徳政令を発布することを「代初めの徳政」と呼ぶようになった。新時代への期待感を持たせようということだろう。

似たような趣旨で、天正三年（一五七五年）から四年にかけて織田信長も徳政令を行なった。徳政令が出された地域は、伊勢・丹波・河内・播磨。これらはいずれも新たに織田政権への服属が明確になった地域であり、新属地対策として実施したと考えられている。

また信長は、天正三年には応仁の乱で荒れ果てた京都でも徳政令を実施している。この時救済されたのは、公家（朝廷に仕える貴族・官人）と門跡（皇族・公家が住職を務める特定の寺院）。これは、先の鎌倉時代の徳政令の思想――復古に通じる。そして、都の秩序を取り戻すためでもあった。

江戸時代にも頻発していた徳政令

さて、もう少し時代を下ってみよう。今まで見てきた徳政令は、元寇や戦乱といった非常事態における超法規的な救済措置として行なわれてきたものが多かった。それに対して、江戸時代は泰平の世である。徳政令など出さなくても済みそうなものだ。学校でも「江戸時代の徳政令」など習った覚えはない。

しかし、実は江戸時代にも借金をチャラにする徳政令は頻繁に出されていたのだ。ただ、「徳政令」とは言わず、「相対済令《あいたいすましれい》」や「棄捐令《きえんれい》」などという名称を用いた。出された目的が旗本（徳川将軍家直属の家臣の中で一万石以下、御目見《おめみえ》以上の者）や御家人（御目見は不可の者）を窮乏から救うためだったのは、鎌倉時代と変わらない。

江戸時代最初の徳政令は、二代将軍・秀忠の元和八年（一六二二年）八月、京都において行なったものであるが、その内容は「元和五年以前に属する貸借に関する一切の訴訟はこれを申し出るべからず」というものであった。江戸時代はこのパターンが多い。

五代将軍・綱吉の時代になると、貞享二年（一六八五年）・元禄一五年（一七〇二年）の二度にわたり、相対済令を発令した。相対済令とは如何なる法令か？――簡単に言えば、金銭貸借の問題は相対で済ませなさいよという法令だ。幕府は与り知らんよというのである。相対で決めろとなると「ないものはないんだから、払えねーよ」とばかり、借金踏み倒しが大手を振ってまかり通ることになるのは明らかだ。

次いで六代将軍・家宣の時代には、正徳二年（一七一二年）九月、幕府が特別保護してきた金融業者に対し、一転して厳しく弾圧する法令を出した（これに関して、詳しくは後述する）。これも借り手の旗本・御家人保護のためだ。

この金融業者弾圧令を出した直後、正徳二年一〇月に亡くなった家宣の跡を継いだ家継は、同年一二月にまたしても相対済令を発する。この金銭貸借に関する訴訟不受理という相対済令は、その後も一二代将軍家慶当時の老中・水野忠邦の天保の改革に至るまで頻繁に出された。

また、一一代将軍・家斉時代の老中・松平定信が出した棄捐令《きえんれい》は、これは「徳政令」そのものであった。「棄捐」の「棄」は文字通り「棄てる」の意。「捐」は「棄てる」または「寄付する」の意だ。つまり、「貸した金は捨てなさいよ、寄付だと思いなさいよ」という法令だ。これも借り手である旗本・御家人を救済するための意味法令だ。債権者である札差《ふださし》（江戸時代、旗本・御家人を対象とした金融業者）に対し債権放棄・債務繰延べをさせたもので、棄捐令は松江藩・加賀藩・佐賀藩など諸藩でも行なわれた。

このように、実は江戸時代にも驚くほど多くの徳政令が出されていたのだ。

座頭市が街金で大暴れ？

江戸時代から、一人ヒーローを取り上げよう。座頭市だ。座頭市と言えば、やはり勝新太郎であろう。それはともかく、この座頭市、映画の原作をご存じだろうか。『新選組始末記』などを著した作家・子母澤寛の小編『座頭市物語』がそれだ。この作品は小編というより中公文庫版でたった九ページのショート・ショートだ。あれだけ多くの映画の元になっているのに、少し意外かもしれない。さて、この作品の出だしのところから一部を引用しよう。

天保の頃、下総《しもうさ》飯岡の石渡助五郎（飯岡助五郎）のところに座頭市《ざとういち》という盲目の子分がいた。（中略）何処の生れか、どんな素姓の奴かわからないが、とにかく按摩《あんま》で関八州を股にかけて渡っていた者で、みんな見た通りに座頭座頭といったが、市という名も市太郎か市五郎か、それとも出鱈目《でたらめ》か、わからなかった。（中略）こ奴《いつ》、目あきよりも余っ程辛子がきいていて怖い。（中略）何故かというと、市は、盲目でありながら、刀の柄へ手をかけただけで、対手《あいて》が縮んで終《しま》うという位に抜刀術居合がうまい。いや、うまいなんぞと一口で片づけられない大した腕で、その気合に入ると、知らず知らず四辺《あたり》の者がしーんとするような、まことに不気味な鬼気が迫ったものだという。（中略）ある時、この小《こ》見世の煮肴《にざかな》屋へ禁制の酒を持ち込んで飲んだ揚句に喧嘩をした奴がある。市はそれを知って酒徳利を出させて、これを宙へ投げ上げさせた。落ちて来るのを、真っ二つ。しかも、それが口を真ん中から底へ真っすぐに斬っていた。二つのかけらを合わせると、ぴったりと元のままの徳利になった。（後略）

（子母澤寛著『座頭市物語』）

さすがに作家の筆は大したもので、この先を読みたくなってしまうが、本書の本筋に戻ろう。座頭の市太郎か座頭の市五郎かというのだが、読者の皆様は

「座頭」とは何か、ご存じだろうか？　座頭とは、江戸期における盲人の階級の一つなのだ。盲人の階級とはどういうものか説明すると、今日のような社会保障制度が整備されていなかった江戸時代、幕府は障害者自立支援政策として、職能組合「座」を元に身体障害者に対し排他的かつ独占的職種を容認することで、障害者の経済的自立を図ろうとした。座中の官位（盲官と呼ばれる）は、最高位の惣録から検校・別当・勾当・座頭と呼ばれていた。

さて、江戸時代中期、新井白石が正徳の治と呼ばれる政治を行なっていた頃のことである。諸国の神社仏閣ではその維持を自給自足する目的で、余剰資金を貸し付けてその利子を修理その他の費用に充てようとした。そして、その貸金に対し特別の保護を幕府に申請したところ、それが認められた。幕府の方では、前述した障害者自立支援政策の一環として、座頭ら盲人に京都禁裏に上納する資金を得るためという御墨付きを与えて、幕府特別保護の下で金融業の営業を許可したのである。神社仏閣の資金を代理で貸し付け・回収する特別金融業と言える。

ところがこれらの座頭金融業者、座頭市ばりに「余っ程辛子がきいていて怖い」存在なのであった。彼らは、少しでも滞納するようなことがあれば、官金不返済ということで、相手が旗本であろうと大名であろうとお構いなく、多数の盲人を引き連れて行って債務者の門前で泣き叫ばせたりするなどの示威行動をして返済圧力をかけた。債務者が外出する場合は、その後からぞろぞろと付いて行き、大声を上げ泣き叫びながら返済請求を行なった。はなはだしきに至っては、債務者の屋敷に上がり込んで、戸障子はもちろん、貴重な什器類までをも破壊する乱暴狼藉を働いた。しかも、幕府特別保護であるから、奉行所に訴え出ると、いかなる難訴でも必ず勝訴にしてもらえたのみならず、他のあらゆる債権者に優先して返済を受けることができた。今日の街金よりすさまじい取り立てを行ないながら、政府の特別保護を受けていたのである。

正徳の頃（一七一一年～一七一六年。享保の前）になると、これら盲人金融業者のやりたい放題の弊害はいよいよ激しくなり、はなはだしきに至っては、累代世襲の名家まで捨てなければならないような例が頻々と生ずる事態となった。幕府もついに手を打たざるを得なくなった。正徳二年（一七一二年）九月、幕府は座頭金融業者に対し一転して厳しく弾圧する法令を出した。「返金を引き延ばして欲しいという所へ、座頭が大勢押しかけるように聞くが、今後は一人で行き、かつ密かに対面せよ。支払いが困難なものは、一年に一度、証書を書き換えさえすれば良いこととし、またその場合、手数料・礼金などは取ってはならない」。そして、今までとは逆に彼らの訴訟は受け付けないこととした。

盲人が一人では歩くのも困難だ。しかも、取り立てに行けたとしても、盲人一人では弱い。訴訟もできない。幕府の後ろ盾を完全に失い、今度は逆に座頭金融業者はなすすべのない状態に陥った。事実上、貸金の取り立ては不可能になったのである。これも、座頭金融業者だけを対象とした事実上の借金チャラ、徳政令だったと言えよう。

それにしても、街金なみの乱暴狼藉を行なっていた頃、もし座頭市がいたらさぞ大暴れしていたことだろう。

給料が一三ヵ月分も滞った薩摩藩財政の惨状

ここまで見てきたわが国における徳政令の歴史では、いずれの借金チャラも御家人、旗本、領民、百姓と、ある一定の職業や地域の人たちを対象として、彼らを経済的困窮から救うためのものであった。

しかし、実は歴史上には一国の借金をチャラにしてしまった人物がいるのだ。その人物とは、「西郷どん」を生んだ薩摩藩の家老であった調所広郷《ずしょひろさと》である。

薩摩藩は宝暦三年（一七五三年）一二月、幕府から木曽川・長良川・揖斐川の治水工事を命じられた。この工事は当初一四、五万両くらいの予算であったのだが、予定を超える難工事となり、最終的に工費は四〇万両にも上った。この工事の前から薩摩藩はすでに六七万両を超える借財があったのだが、この工事によりさらに借金は上乗せされた。

しかし、これは現代で言えば、公共事業による借金。建設国債のようなものだ。工事＝公共事業をやめれば、借金増は止まる。しかし、工事が終わっても薩摩藩の借金は増え続けた。なぜか？――人にお金をかけたからである。

薩摩藩という藩は、他藩と比べて武士の数が桁違いに多い藩であった。明治初年の調査では全人口に占める士卒人口比は全国平均の〇・五六％に対し薩摩藩のそれは実に二六・三八％に上っている。そして、武士という階級は先にも述べたように、純然たる消費階級であった。経済的には消費しかしない。その消費に莫大な金《かね》をかけたのが、薩摩藩第九代藩主・島津重豪《しげひで》であった。

重豪は、積極的に開化進取政策を推進した。藩校造士館・演武館を造って藩士の文武教養の場とし、さらに医学院・明時館（天文館）・薬園などをひらき文武諸般にわたる文化施設の充実に努めた。また、農業百科全書とも言うべき一二〇巻にもおよぶ『成形図説』、動植物関係の『鳥名便覧』『質問本草』『琉球産物誌』、中国語辞書『南山俗語考』や『琉客談記』『島津国史』などを編集させ、学術を振興した。自らオランダ語を学び、江戸屋敷にオランダ文物を収集した独楽園を設けた。これらの施策によって、薩摩藩の学術文化レベルが格段に上がったのは間違いない。文武両面にわたって藩士が向上したことも間違いない。

しかし、当面の経済面に関して言えば、何も生み出すものはない。借金は、どんどん増えるばかりである。

重豪は家督を子・斉宣《なりのぶ》に譲った後も、実権をもってこのような豪華な文化政策を推し進めたところから藩財政は破綻の危機に瀕し、家老たちは重豪の政治を否定すべく緊縮政策に乗り出した。しかし文化五年（一八〇八年）、重豪はこれを弾圧し、首謀者たちに切腹を命ずるなど一〇〇人を超える大量の処罰者を出し、翌年には藩主斉宣を隠居させて斉興《なりおき》に家督を継がせて後見した。

こうして力づくで自らのやり方を通した重豪であったが、しかしそれで腹の虫は収まっても、藩財政の問題は片付かない。膨らみ続けた借金は、三都（京都・江戸・大阪）および領国合わせて計五〇〇万両におよぶに至った。当時の薩摩藩の財政的惨状は、再三再四、支払いの約束を守らなかったため、いかに好条件を提示しても誰も金を貸してくれなくなったためである。参勤交代の費用にさえも差支えが生じることとなり、江戸在番の藩士の俸禄は一三ヵ月分も滞った。

諸商人からの購入代金はまったく支払うことができなくなって、商人から締め出しを食らった。使いを出そうとしても、籠賃の支払いすらできない。臨時雇いの人夫賃もろくろく支払うことができず、邸内の掃除も表門と玄関だけに限り、あとは雑草が生えるままにしていた。しかも、この雑草を馬のえさにしたとも伝えられているほどの窮状であった。

数字で見てみると、借金の総額が五〇〇万両。年五分の利息として利払い費だけで年二五万両。利払い以外のいわば政策経費が年額約二〇万両必要であった。それに対して、藩の収入はどれくらいあったかというと、およそ一四万両に過ぎなかった。全然足りない。新たな借金をしなければ、利払いすらできない。そんな状態であったのである。

さすがの重豪も「これはいかん」と反省したのであろう。文政一〇年（一八二七年）、調所広郷を起用して、借金問題の解決に当たらせるのである。

薩摩藩の必殺技――借金の証文焼き捨て

広郷はその任にあらざる旨を言上し固辞し続けたが、重豪は許さず、広郷は覚悟をもってその任についた。広郷はまず、大阪の豪商のところに走った。資金調達のためである。しかし、大阪の商人たちは皆口々に薩摩藩に対する不信を訴え、誰一人として資金調達に応じるものがいなかったばかりか、逆に今までの貸金の返済を迫った。広郷はここに進退窮まり、まさに死を決せんとした時、その必死な思いが通じたのであろう。出雲屋・浜村孫兵衛という商人が、広郷の悲壮な決意に感じ、義侠により協力してくれることとなった。

広郷は浜村孫兵衛と熟議の上、断固たる行為に出た。旧来の債権者に対し、証文を通帳に書き替えるためという理由で証文の一時提出を求めた。そして、あろうことか広郷は提出された証文をすべて焼き捨ててしまったのである。

当然、債権者たちの驚き、怒りは大変なものであったが、広郷はこれら債権者団を招集し、堂々と、諄々と、こう述べたのであった。

「この度の証文焼き捨てのことは、拙者の一存をもってなしたること。それが皆様のお怒りに触れたとあっては申し訳なし。拙者はすでに覚悟を定め、今日限りの命とあきらめている次第でござるから、もし拙者のお願いをお聞き入れ下されず、なおこのことについて黒白をお争いなさるとあっては、拙者の任務ももはやこれまでと存ずるから、この場において切るなり、突くなり、刺すなり、打ち殺すなり、ご自由にされたい」。

これには、さしもの理のある債権者たちも圧倒され、広郷の提案を聴かざるを得なくなった。広郷の提案は、五〇〇万両の借金を二五〇年返済、つまり元金部分は一年あたり二万両の返済とし、利息部分は琉球糖売買の利益の一部をもって充てるというものであった。この提案は、薩摩藩側からすると現実的に可能なものであったが、債権者側にしてみればムチャクチャな話であった。

しかし、藩のために死を覚悟して臨んだ広郷の前に、債権者たちも承諾せざるを得なかったのである。余談だが、調所広郷の通称は「笑左エ門」という。

変わった名前だが、どんな苦境にあっても、眉根を寄せない、困った顔をしない、笑顔でいることができる。それだけの腹を持った名前に見えてくる。

だが、広郷の協力者である出雲屋・浜村孫兵衛が大阪商人たちの恨みを買ったのは言うまでもない。天保七年（一八三六年）、彼らは大坂東町奉行跡部山城守を動かして、孫兵衛は逮捕される。調べに対し、孫兵衛は薩摩藩や広郷の不利になるようなことは一切言わず、結果、薩摩藩や広郷には何のお咎めもなく、孫兵衛には大坂から追放の処分が下された。広郷も男なら、孫兵衛も男。まさに「人生意気に感ず」である。

わが国の借金の処理方法は薩摩藩にならえ？

先にも述べたが、徳政令というのは基本的には借金に苦しむ民――それは、御家人であったり、百姓であったりいろいろだが――を救済するために、そういった一部の人たちの借金を帳消しにするものであった。

しかし、最後の調所広郷の薩摩藩のケースはまったく違う。一国の借金を事実上チャラにしてしまったのである。今日で言えば、デフォルトだ。この薩摩藩のケース、今のわが国の借金パターンと似通っているところが少なくない。

まず、最初借金を増やしたのは公共事業だった。しかし、それは公共事業をやめればすむことである。一七一ページのグラフをご覧いただければおわかりの通り、わが国においても前世紀、平成で言うと一〇年頃までは建設国債が多く発行されていたが、その後はほとんど発行されていない。だからグラフの上の部分、建設国債残高はその後増えることなく、平行してスライドしている。

それに対し、グラフの下の部分、特例国債＝赤字国債の方は、ちょうどその頃から急激に増え始め、止まるところを知らない。今後もこのまま増え続けることは間違いない。なぜなら、この借金は人に対するものだからだ。国民の社会保障のための借金なのである。

薩摩藩は、四人に一人が武士であった。その武士階級に対する教育文化事業にお金をかけて行ったのが、財政破綻の根本的原因であった。今の日本はどうか？　社会保障は増え続けるお年寄りが主な対象である。二〇三六年には、三人に一人が六五歳以上の高齢者となる。幕末の薩摩藩以上ににっちもさっちも行かない状況に陥るのは目に見えている。一体どうするのか？

今、日本では、この幕末の薩摩藩さながらの借金政策も本当に議論されている。日本国債の最大の保有者は今は日銀だが（二〇一八年三月末の保有比率四三・九％で、さらに増え続けている）、その日銀が保有する国債を「償還（返済）期限のない永久国債にしてしまえ」というのだ。

それも、週刊誌レベルでの話ではない。この政策を提言しているのは、米連邦準備制度理事会（ＦＲＢ）元議長のベン・バーナンキ氏、英金融サービス機構元長官のアデア・ターナー氏、東京大学大学院客員教授の松田学氏などだ。そんなやり方がすんなり行くのか？　やってみなければ誰にもわからない。ただ一つ明らかなのは、今のわが国の借金の状況はまさに幕末の薩摩藩に迫りつつあり、したがって調所広郷の徳政令並みのトンデモナイ政策をやらなければ解決できないということである。

国債残高の累増

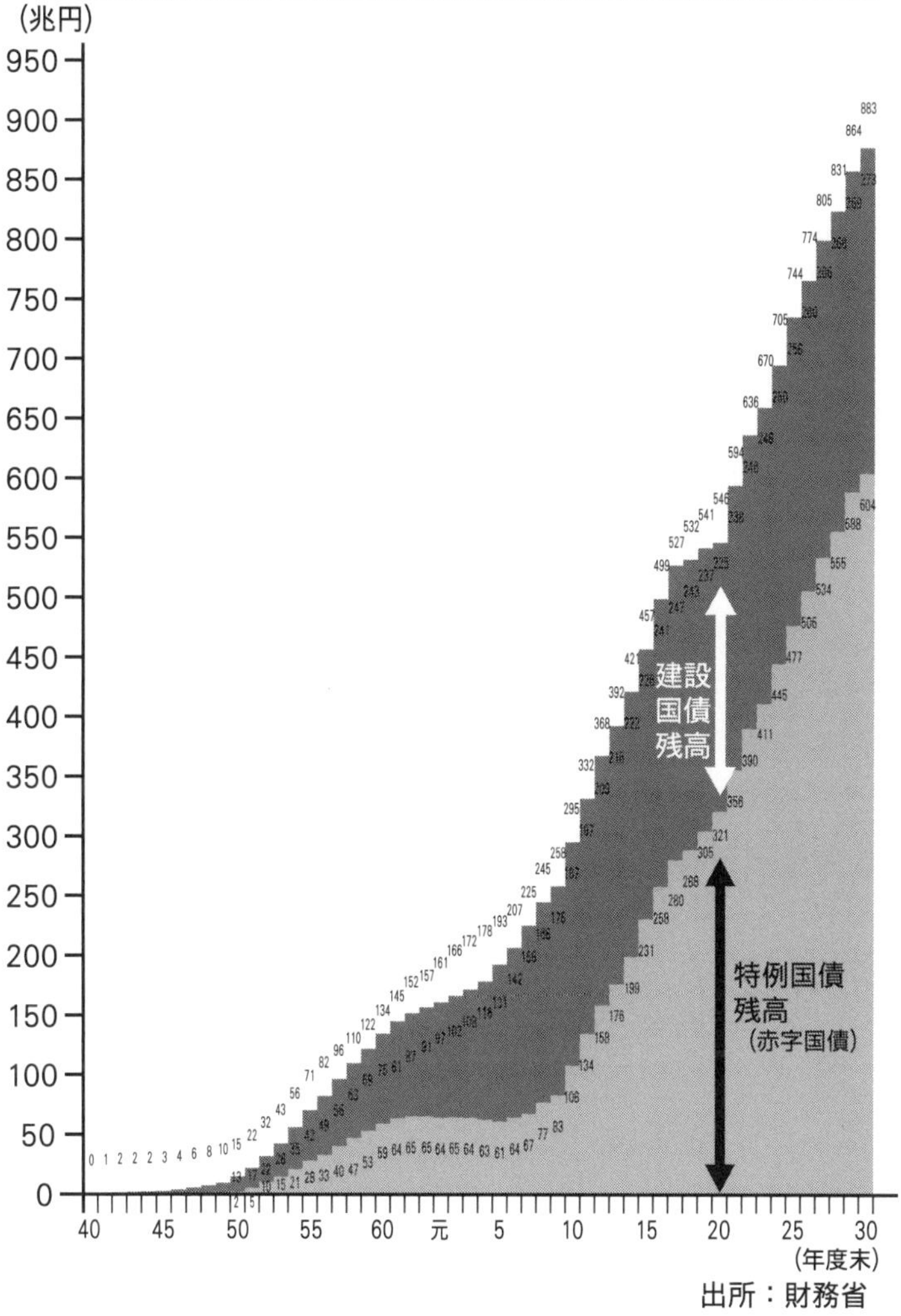

出所：財務省

明治維新は「瓦解」だった

幕末の薩摩藩の次は、その薩摩藩の「西郷どん」らが中心となって成し遂げた明治維新だ。明治維新というと、〝勤皇の志士〟が起こした大変革というイメージをお持ちの方が多いだろう。もちろん、それは正しい。私も明治維新を成し遂げた維新の志士たちには大いに魅かれるものがある。この本を出版している出版社「第二海援隊」は、一九九六年に私が設立した会社であるが、その社名はもちろん坂本龍馬の海援隊になぞらえて命名したものである。

しかし一方で、明治維新は単なるヒーローのドラマではない。夏目漱石はかの名作『坊っちゃん』の中で、明治維新のことを「瓦解」と表現している。清という坊っちゃんの家の下女に関する記述の中で、このように書いている。「この下女はもと由緒のあるものだったそうだが、瓦解のときに零落して、つい奉公までするようになったのだと聞いている」(夏目漱石著『坊ちゃん』)。明治維新は一方で若きヒーローたちによる体制変革の物語だが、一方では幕藩体制の瓦解であった。だから、幕藩体制の支配層たちは零落を余儀なくされたのだ。

では、具体的にどのような形で零落して行ったのか。明治新政府はまず明治二年（一八六九年）、「版籍奉還」を実施する。版籍奉還とは、諸藩主が土地（版）と人民（籍）を朝廷（天皇）に返還することである。藩主の封建的諸特権はほぼ従来通りであったが、身分は知藩事として天皇の任命する官吏となり、従来の藩の知行高は一〇分の一に削減された。次に行なわれたのが、明治四年（一八七一年）の「廃藩置県」である。今、私たちはごく普通に歴史上の出来事として「廃藩置県」と口にするが、藩を廃止するというのは従来の体制を根本からひっくり返すという一大転換政策である。政府は反対する藩は武力で討伐する決意を有していたが、意外にもこの布告は抵抗なしに受け入れられた。それは、藩を廃止する条件として、政府が各藩債務を肩代わりするとしたことが大きかった。それくらい財政窮迫に苦しむ藩が多かったのである。政府は各藩債務を肩代わりする代わりに各藩年貢を政府収入とし、知藩事の家禄・身分を保障して東京に移住させた。家臣の家禄も政府が支給した。そして、政府から新たな府知事・県令を任命して、ここに集権国家体制が確立した。

版籍奉還・廃藩置県ときて、さていよいよ『坊っちゃん』の下女・清の家を零落させる決定打となる第三段階目の「秩禄処分」である。明治政府は、廃藩置県後も旧幕以来の家禄と維新の功績により政府が与えた賞典禄とを引き続き支給していた。そのための財政負担は、当初歳出の約三分の一にも達した。

今風に言えば、公務員給与が財政支出の三分の一を占めていたということである。これでは、財政は到底成り立たない。そこで政府は、家禄・賞典禄といった秩禄をカットする策を考えた。現代風に言えば、公務員給与削減などという甘い話ではない。公務員の超大量首切りである。

この秩禄処分は何段階かに分けて行なわれたが、最終的に明治九年（一八七六年）、金禄公債条例を公布して、これまでの禄高に応じた額面の金禄公債証書を交付して、以後の俸禄支給を打ち切った。これにより明治政府の財政は改善に舵を切ることができたが、失業した士族たちの困窮は大変なものだった。

政府は、秩禄処分によって職を失った士族を産業につかせ、生活救済を図る政策「士族授産」を進めたが、何しろ「武士は食わねど高楊枝」や「武士の商法」などという言葉があるくらいだから、なかなかうまくは行かなかった。当然、没落してしまう家も少なくなかった。そのうちの一つが、『坊っちゃん』の下女の家だったということである。

ここの秩禄処分は、借金をチャラにするという政策ではないから、いわゆる徳政令ではない（逆に人件費を大幅にカットする代わりに金禄公債という借金をしている）。ここで取り上げたのは、財政的にあり得ない状態に立ち至った時、政府はどんな政策でも断行するということを伝えるためだ。財政学者で法政大学経済学部教授の小黒一正氏も言っている。「政府は暴力装置になる」と。

体制がひっくり返る大転換は、八〇年周期で起こる

さて、一九六八年の明治維新から一九四五年の敗戦に至る八〇年弱。これは

国家体制の樹立から崩壊に至る八〇年であるわけだが、私はこの約八〇年という周期にも注目している。八〇年の前半は、混乱の中から力強く成長する国家体制を築いて行った時代。そして後半の四〇年は、その成功体験への慢心からタガが緩んで破滅に向かって行った時代。

そして私は、戦後においてもその歴史は繰り返されていると感じている。敗戦から四〇年は奇跡とすら呼ばれた高度経済成長時代。そして、バブルを挟んでそこから先の時代は、まず最初は「失われた一〇年」と呼ばれ、その後「失われた二〇年」と言い直され、その後はもう「何十年」という話ではなく、経済成長しないのが当たり前になってしまった。それどころか、日本経済について論じられるのは、超高齢化社会突入で社会保障制度は持続可能なのかという「二〇二五年問題」(二〇二五年は、まさに敗戦の年から八〇年)である。

その時、一体どんなコトが起きるのか。トンデモナイ政策を断行せざるを得なくなることだけは間違いないが、正確に「こうだ!」とは私も予測できない。そして歴史に学べば、どんなコトが起きるのか、どんな政策が取られるのか、多少見えてくるものがある。そこで本章の最後に、わが国の国家レベルで行なわれた最後の徳政令（債務チャラ）について述べることにしよう。

一六〜一七ページのグラフの通り、わが国政府債務残高のＧＤＰ比は、戦争の進展とともに急上昇し、一九四四年に二〇四％にまで達した。その後ストンと急落しているから、読者の中には、日本政府は借金をチャラにした（返さなかった）と思っている方もいるかもしれないが、そうではない。債務残高のＧＤＰ比を急速に下げさせたものは、ハイパーインフレなのである。

当時のハイパーインフレを簡単に数字を確認しておこう。卸売物価で見てみると、一九四九年（昭和二四年）は一九三四〜三六年の水準の約二二〇倍、敗戦の年である一九四五年（昭和二〇年）の水準からみても約七〇倍にも達した。七〇倍ということは、二〇〇円の野菜がわずか数年で一万四〇〇〇円になったということだ。しかもこれは表の数字であり、ヤミ価格はその一〇倍以上に暴騰していたのである（一九四七年六月、生産財のヤミ価格は一二・七倍、消費財では一三・一倍にもなっていた）。二％のインフレ目標がいつまで経っても達成できない昨今の状況からすれば、想像することすら難しいハイパーインフレに見舞われていたのである。だから、債務残高のGDP比は急落したのである。

では、借金チャラの徳政令は行なわれなかったのかというと、実はそれも行なわれていた。ただそれは、国債という債務に関してではない。「戦時補償債務」という債務に関して行なわれたのだ。それには、かの「預金封鎖」も関わってくる。あまり知られていない「戦時補償債務」と「預金封鎖」に関する秘話をお伝えしよう。

GHQの指示により余儀なくされた資産家の「預金切り捨て」

一九四六年二月、一般国民には寝耳に水の預金封鎖が実施された。正式名を「金融緊急措置令」という。預金封鎖といっても引き出しが完全にできなくなるのではなく、ひと月当たり世帯主で三〇〇円、世帯員は一人各一〇〇円引き出し可能とされた。これがどのくらいに当たるかというと、一九四六年の国家公務員大卒初任給が五四〇円であり、それを元に現在の貨幣価値に換算すると、世帯主が一二万円くらい、世帯員が一人各四万円くらいであろうか。

これは翌三月公布された「物価統制令」とともに、進行するインフレを抑制するための措置であった。つまり、出回るお金の量を抑え、物価そのものも抑えようという狙いだ。しかし、焦土と化した当時の日本においては絶対的にモノがないのだから、これでインフレが収まるわけはなかった。

これら「経済危機緊急対策」により、約半年間はインフレの高進にブレーキがかけられたものの、生産力の回復がなされていない以上、所詮その効果は限られたものにならざるを得なかった。前述したように翌四七年にかけてヤミ物価はどんどん高騰し、公定価格との開きは一〇倍以上にもなったのである。

さて、この預金封鎖、一九四六年七月～八月にかけてその性格を変貌させる。その時、何が行なわれたのか？「戦時補償債務の切り捨て」と「封鎖預金の分割」そして「預金の切り捨て」である。まず、戦時補償債務からご説明しよう。

日本政府は戦時中、戦争遂行のための軍需品の購入等を通じて多くの企業に多額の債務を負った。これは政府による民間企業に対する債務（支払い義務）だから、当然補償されていた。これを「戦時補償債務」という。

一方、政府に多額の債権を持つこれら企業は、そのための経営資金を主として銀行からの借入金に依存していた。終戦直後、日本政府は戦時補償債務の返済を履行する方針であった。その資金を元にして企業を軍需から民需に転換させ、生産拡大を図ろうと考えたのである。しかし、それに「ＮＯ」を突き付けたのが占領軍、ＧＨＱ（連合国軍最高司令官総司令部）であった。

日本全土を焼き尽くし、完膚なきまでに叩きのめして乗り込んできた占領軍である。そして、そのトップに君臨するダグラス・マッカーサーは、その補佐役であったウィリアム・ジョセフ・シーボルドをして当時こう言わしめる存在であった――「物凄い権力だった。アメリカ史上、一人の手にこれほど巨大で絶対的な権力が握られた例はなかった」（ウィキペディアより）。ＧＨＱの決めることは絶対であった。

ＧＨＱは、戦争に関わった企業に懲罰を課すという意味で戦時補償債務の支払いを認めなかった。その結果、戦時補償は打ち切られ、補償打ち切り額の合計は、政府補償社債元利金の失効額等を合わせて九一八億円に達した。この金額は一九四六年の日本の名目ＧＮＰの二割近くにも相当するものであったので、経済・金融に対する打撃は極めて深刻であった。

補償を打ち切られた企業にしてみれば、政府補償で入ってくるはずのお金が突然踏み倒されたわけで、当然銀行への返済能力を失う。これら企業に貸し出しを行なっていた銀行側にしてみると、今まで優良大手企業向けの債権だったものが、一転して莫大な不良債権となってしまったのである。

そこで行なわれたのが、「封鎖預金の分割」である。預金は一般庶民の小口預金（原則、一口三〇〇〇円未満）を意味する第一封鎖預金と大口預金の第二封鎖預金に分割された。そして、それに対応する銀行の資産は、第一封鎖預金には健全な資産が、第二封鎖預金には前述した戦時補償対象とされていた企業向け債権（多くが不良債権）が充てられた。そうなれば、第二封鎖預金は裏付けとなる資産の多くが不良債権なのだから、守られるはずがない。第二封鎖預金の多くは切り捨てられた。切り捨て率は、当時最大の都市銀行であった帝国銀行（現在の三井住友銀行）で七六％にも達した。第二封鎖預金は四分の一になってしまったのである。つまり、大口預金者（＝資産家）は財産税だけでなく、預金切り捨てという形でも大変なダメージを受けたのである。

以上が、敗戦後のわが国におけるハイパーインフレ、預金封鎖・預金切り捨ての真実である。私たちはここでも、教訓を学ぶことができる。それは、政府（あるいは、時の支配者）は、「取りやすいところから取る」ということである。取りやすいところとは、当然、資産家だ。大衆迎合主義が瀰漫している現代においてはなおさらであろう。

二〇二五年、そしてさらにそれ以降に向けて一段の財政逼迫はどう見ても避けられない。となれば、政府は「取りやすいところから取る」。特に資産家の皆様は、なるべく早く十二分な対策を打っておいた方が良いだろう。

第六章　究極のサバイバル

国家と道連れにならないために

国債暴落、財政破綻、超円安、ハイパーインフレ、徳政令――わが国に待ち受ける恐ろしい事態について、前章までつぶさに見てきたが、いかがだったろうか。豊かで平和な現在の日本からはとても想像できない状況に、慄然とされた方がほとんどだろう。

しかも、その最悪の事態はそう遠くない将来にやってくる。早ければ東京オリンピックの開催前後である二〇二〇年頃、どんなに遅くとも二〇二五年頃には大多数の国民が「これはヤバい」と感じるような事態が訪れるに違いない。その兆しは、「深刻な不況」という形なのか、「国債の暴落」によるものか、はたまた「超円安と輸入価格の急騰」となるのか。現時点で予測することは難しいが、いずれにしても私たちの生活を直撃する深刻なものであり、さらに残された時間は限りなく少ないのである。

では、私たちはなす術なく国家破産の激流にのみ込まれ、財産を失って死ぬ思いをする他ないのかと言えば、実はそうではない。私は長年破産した国家を研究してきたが、そこである重大な「事実」を見いだした。それは、国家破産によってすべての国民が地獄を見るわけではないということだ。地獄を見る者と、地獄を回避する者がクッキリと分かれるのである。

そして、その両者を分ける法則も実に興味深いものだった。単に持てる者のみが生き残り、一般庶民が苦しむという単純な話ではなかったのである。さらには、この破滅的事態をうまく乗り越えた人たちの一部には、「焼け太り」的に資産を殖やし、国が再出発を切ったあとには非常に豊かな暮らしを手に入れたものすらいるのだ。

「国と共に落ちぶれる者」と「国家破産を逆手にとった者」――同じ状況に陥りながら、まったく違う結果に至った両者は、何が決定的に違ったのだろうか。もったいぶらずに言おう。両者を分けたのは「適切な対策」である。「備えあれば憂いなし」とはよくいったもので、迫りくる危機を正しく捉え、適切な対策を打った人たちは、ほとんど被害に遭わなかったばかりでなく、もっとも有効な手を打った人たちは、資産を大きく殖やすことすら成功している。

つまり、国家破産が迫りくる今、適切な備えをすることでこれを回避するばかりか、やり方によっては逆に資産を殖やすことすら可能ということだ。

本書をここまで読み進めた読者の皆様は、国家破産をかなりの程度正しく理解することができているだろう。そこで本章では、国家破産への適切な備えとはどのようなものかを詳しく見て行きたい。

皆様にはぜひ対策を実行に移していただき、たくましく国家破産を生き残って、再生した日本の姿をしっかりと見届けていただきたい。

生き残りの原則

具体的な対策に進む前に、極めて基本的な「原則」を押さえておこう。どんなに良い対策を実践できても、この「原則」をおろそかにするようでは生き残りの完遂はとてもおぼつかない。とにかくまずは、生き残りの「原則」を自らにしっかりと叩き込んで欲しい。

原則一：健康こそがすべてのカギ

どれほど屈強な戦士であっても、戦場で深刻な傷を負った時は死を覚悟する。野生動物の世界も、手負いの動物は簡単に他の動物の餌食となる。弱い者が滅び、強いものが生き残るのはあらゆる世界の原則だ。国家破産も同様で、国家がキバを剥いて国民に襲いかかってくるその時に、身体が万全でなければそれだけで生き残りの可能性は風前の灯火となる。とにかく健康の維持・増進こそが最大の重要事であることを肝に銘じたい。

中でも特に気をつけるべきは「認知症」のリスクだ。他の病気については、仮にすでに発症していてもなんとか死ぬまで国家破産と戦うことはできる。しかし、認知能力が衰え正常な判断が下せなくなったら、体が元気でももう終わりである。平時なら家族や介護施設、行政や政府が死ぬまで面倒を看てくれるかもしれない。しかし、国が破綻するような激動の時代では、最低限の介護を期待することすらままならないだろう。

私は講演会などの席上で、「これからの時代、ボケたら終わりですよ！」と冗談めかして話すが、本心は決して冗談ではない。ボケたらもう国家破産対策、資産防衛どころではなくなるからだ。それが証拠に、たとえば大切な財産をどこかに隠したとして、自分がボケてしまったらもうその財産は「なかった」ことと一緒になるのだ。対策が無になるどころか、財産すら無になるのである。それならボケていないうちに配偶者や家族に託した方がはるかに良い。

余談だが、最近の研究ではボケやすい生活、ボケやすい性格というものがあるらしいことがわかってきている。たとえば、仕事一筋だった男性が定年退職後に急に老け込むというケースでは、仕事以外の人間関係がほとんどなく、退職後に人としゃべる機会が急に減ることでボケやすくなるという。また、生活サイクルがどんどん夜型になり、昼夜逆転することがボケの入り口になりやすいという研究もある。人間は社会的動物である。脳力の維持のためにも社会的接点を多く作り、身体のみならず精神的にも健康な生活ができるよう環境づくりを心掛けたい。

さて、話を戻そう。自分の健康維持には、最大限の知恵と工夫、努力を惜しみなく投入することだ。実際私は、実に様々な方法を実践し、またそれを継続するために多くの時間と資金を投じている。その一端を紹介しよう。

まず、体を冷やすことは万病の元となるため、私は夏でも携帯カイロを持参し、冷房の効いた部屋では上着やひざ掛けを欠かさない。氷の入った冷たい飲み物は口にせず、水も常温で飲む。

また、体を温める「温熱療法」は毎日の生活に必ず組み込んでいる。一日のうち二時間をこれに充てるべく、可能な限り他のスケジュールを調整している。腕利きの「温熱師」に遠方から来ていただき、数人がかりで施術してもらい、また出張先にもスタッフを帯同させて施術してもらっている。

健康に良いとされるサプリメントは片っ端から試し、実感を得たものは金額が張るものでも継続して服用するようにしている。最近は、脳の働きを助けることが期待される成分を努めて摂取するよう心がけている。

またこの他にも、最新の医療研究などをチェックし、試験的に受けられるようなものは「人体実験」よろしく何でも試すことにしている。まさに、自他共に認める「健康オタク」である。さすがにここまでやるのは時間や労力、資金面でもかなり難しいものであり、お勧めするものではないが、しかし自分の健康もある種の「投資」である。何の対策もなしに健康が維持できるなどと思ってはいけない。自分が可能な限りは、時間・労力・資金を投じるべきである。

原則二：危機意識を強く持つ

日本は、地震や津波、大雨といった天災には見舞われるものの、大多数の国民にとっては貧困や暴力とは無縁で、平和で穏やかな日常を過ごすことが可能な「幸せな国」だ。しかしながら「貧すれば鈍す」、いかなる国も経済的に凋落すれば国民生活は荒んで行く。街ではスリやひったくりが横行し、防犯対策が甘い家には空き巣や強盗が入る。もうすでに、一部の地域などではこうした事案が多数発生しているが、国家破産が到来すれば私たちの危機管理の常識は一気に変貌を迫られるだろう。

国家破産対策を行なうにあたって、こうした危機意識は極めて重要だ。今、あなたが周囲の人に「国家破産が来るから対策した方が良い」などという話をしても、ピンとくる人はほとんどいないだろう。それどころか、「この人、大丈夫だろうか」と正気を疑われる可能性すらある。しかし、だからと言ってあなたが油断し、危機意識を緩めてよい道理はない。危機意識のない人は放っておいて、緊張感を持って対策に臨んでいただきたい。

一点、自分の家族など大切な人には、何度か説得を試みていただくことをお勧めする。激動の時代を生き残れるかどうかの重大な分岐点となるため、できればきちんとした理解を得ておきたいところである。

原則三：資産は棚卸しして、きちんと把握すること

私は長年、国家破産に向けた資産防衛の相談を受けてきた。その中で、自分

がどんな資産をいくら持っているかをきちんと把握していない人が一定数いるのである。戦国時代で言えば、これから戦という時に、城主が自軍の陣容を把握していないのと同じで、これではどんなに潤沢な資産を持っていても生き残りはまずおぼつかない。もし、あなたが自分の資産をスラスラ書きだせないのなら、今すぐ資産状況の把握をしていただきたい。対策はそれからである。

その際、気をつけたいのは、大雑把過ぎず、細か過ぎないことだ。大雑把過ぎればその分対策をしてもブレが大きくなりやすいし、一方細か過ぎれば把握するのに労力がかかる上、ちょっとした市況の変動による時価評価の変化も追いかけざるを得なくなる。一例だが、総資産が一〇〇〇万円未満なら一万円単位で、一〇〇〇万円を超える場合は一〇万円単位で資産の棚卸を行ない、どこにどのような資産がどれだけあるかを正確に把握するとよい。

またこの時、ぜひ借金も合わせて把握することをお勧めする。これらの資産を一枚のリストにまとめ上げたら、これをしっかりと頭に叩き込み、それぞれの資産クラスが持つリスク要因をじっくりと吟味する。これからはじめて全体のバランスを考慮しながら対策を打って行くこととなる。この「全体を俯瞰する」という部分がキモだ。偏った資産構成は、大けがの元である。

原則四：借金はしてはいけない

「借金も財産の一部」というが、それは平時の話である。国家破産時の財産防衛において、借金は基本的に危険なものと心得るべきだ。

よく、国家破産やハイパーインフレで借金が目減りしたりチャラになるという話がある。しかしこれはあくまで「国が抱える借金」の話であって、個人の借金ではない。ハイパーインフレになると、市中金利も恐ろしい勢いで上昇するが、変動金利で借金していれば当然それに連動して返済も膨らむ。そうした時は預金金利や株価、賃金なども急騰するが、往々にして借金の上昇率にはおよばず、結果として借金に首を絞められることになりかねない。

実際、一九九八年に金融危機に見舞われた韓国では一時市中金利が三〇％に急騰、住宅ローンを抱えていた人々の中には即座に返済が行き詰まり、住宅を手放した挙句借金返済だけが残った、という悲惨な例が続出した。

もし仮に、あなたがこれから借金する計画があるというのなら、よほど慎重にシミュレーションすることだ。収入が減ったり失業したり、あるいは貸付元の事情で早期の返済を迫られたり（貸し剥がし）といったリスクにも耐え得るか、平時よりもさらに厳しく自己評価し、考え得るあらゆる不測の事態にも十分対抗できる準備が確実にできるという確証が得られなければ、借金はしてはいけない。これは、自動車ローンや住宅ローンであれ、会社の設備投資であれ基本的には一緒である。

すでに借金をしている場合、少々対策の仕方が変わってくる。まずどのような返済計画や契約内容なのかを入念に確認することだ。その上で、最悪の状況でも返済が継続できそうな場合は、基本的には返済計画を変更せずそのまま借金をしていてもよいだろう。もし収入減など不測の事態で借金が返済できないリスクがあるなら、生活に必要な家や車であっても最悪手放すことを検討すべきだ。

また、残債の程度にもよるが、手持ちの資産での繰り上げ返済は基本的にお勧めしない。繰り上げ返済で流動性の高い資産がなくなり、家や車しか手元に残らないとなれば、そこから先は対策のしようがなくなるからだ。

原則五：国家破産についての有効な情報源を持つこと

テレビ・新聞などの旧態のメディアに加え、インターネットの爆発的普及によって、私たちの身の回りにはすさまじい量の情報が溢れるようになった。ネット以外にも、新聞、雑誌、書籍、テレビ、ラジオ、実に様々な媒体が日々様々な情報を伝えているが、一方で私たち人間の側は、これだけの膨大な情報を処理できるだけの能力を備えたのかと言えば、まったくそうではない。むしろ情報が増えた分だけ、個人一人ひとりの情報への高度なリテラシーが求められることとなり、適切に判断することが難しくなったとも言える。

しかし、実のところ本当の情報を見極める方法は、昔も今もそれほど変わらない。ネットの台頭以前からそうであったが、テレビや雑誌といったマスメディアは、所詮スポンサーありきの「情報屋」であって、その目的は視聴率や部数である。もちろん、中には国家破産対策や財産防衛に有用な情報もあるかもしれないが、基本的には断片的な情報を面白おかしく編集しただけの「エンターテイメント」や「参考情報」程度でしかない。

本当に有効な情報とは、発信者が一次情報（伝聞ではなく発信者自身が取材・調査した情報）を持っていて、その情報に基づいたことを何かしら実践しているものである。国家破産対策について言えば、私は実際に破産国家での取材を重ね、そしてそこで得た対策のエッセンスを自分でも実践している。こうした情報こそが、本当に有効な「活きた情報」と言えるだろう。

賢明な読者の皆様には、ぜひともご自身なりの有益な情報源を確保し、それをしっかりと実践していただきたい。私が取材した特殊な情報や、私が信頼する人脈から得た秀逸な情報をいち早くお届けする「経済トレンドレポート」はお勧めしたい情報源だ（二五四ページ参照）。

原則六：働けるうちは働こう

現在現役で働いている人も、すでに退職して年金生活を送っている人も、働けるうちは働いた方がよい。特に年金をアテにして生活している人の場合、その年金頼みの生活自体がリスクになる。

例を挙げれば、ギリシャでは二〇一〇年のギリシャ危機以降、年金は段階的に削減されて行った。それによって年金生活者の貧困が著しい社会問題となり、ついには国会議事堂前で拳銃自殺を図る老人まで現れた。まさに、国家が傾いた結果自分も道連れになったのである。

そうならないためには、極力年金に頼らない生活を維持すべきだ。蓄えが充分あるという人も、今後の財産防衛の行方次第では資産を大きく減らす危険が常に付きまとう。イザという時の収入源を確保することは、大きなリスクヘッジになるだろう。

サラリーマンなど、手に職がない人も何かしらの副業を持つことをお勧めする。特に、国家破産時には特定の職業が注目されるようになるため、そうした方面の副業を意識的に行なうことも有効な策だ。

また、最近ではインターネットを活用した新しいビジネスも台頭しているため、そうしたものも十分検討に値するだろう。国家破産時代に役立ちそうなビジネスの一例を挙げておく。

すでに年金生活に入った人であっても、これから新たに働き始めるのはいろいろな意味で良い。社会的接点を持つことで健康維持にも役立ち、また生活にも大いに張りが出る。

ただ、こうした副業は年金の減額リスクへのヘッジと考えて、高額な収入を得ようと無理はしない方がよい。特に、現役時代に高額の収入を得ていた人や高い役職についていた人の場合、プライドなどから仕事を選り好みし、また人間関係などから結局働かなくなるというケースも多いという。しかし、これはあくまで国家破産対策である。割り切って考え、少額でも短時間でもよいので働くことをお勧めする。

国家破産時代に役立ちそうなビジネス

自転車・バイク業

修理業（家電、ケータイ、衣服、自転車など）

リサイクル業

質屋

葬儀屋

両替商

民泊

外国人向け観光ガイド

国家破産対策——基本編

基本一：資産を外貨建てにし、海外に移す

前章までを見てきておわかりいただけたと思うが、国家破産がひとたび起きると私たち国民には「財産が預金封鎖や徳政令によって差し押さえられ、没収される」リスクと、「国家の信用棄損とインフレで、円建て資産の実質価値が激減する」リスクが降りかかる。したがって、国家破産対策はこの二つのリスクを回避することが要諦となる。

一つ目の「差し押さえ、没収」のリスクについては、銀行、証券、保険など国内の金融機関に資産を置くのをやめることだ。具体的方法は二つ、一つは現金化、現物化して自分の手元に置くか、もう一つは海外に資産を移動し、管理するかだ。ただ、現金化・現物化は手っ取り早くわかりやすいが、盗難や焼失といった別の危険が伴うため、あまり多額の資産を手元に置くのは現実的では

ない。数百万円単位以上の資産については、二つ目の「海外に移す」のが良いだろう。また、仮に海外に置いたとしても、それが日本円であれば減価するリスクは変わらない。やはり外貨建てに転換することも必須である。さて、ここで出てくるのが、「国内金融機関で外貨建て資産を持つのは国家破産対策になるか」という質問だが、結論から言えば「ほとんど対策の役に立たない」。確かに、インフレや円安の対策にはなるが、それは日本がまともな状態であればこそである。国家破産という非常事態になれば、外貨建て資産であっても当然差し押さえや没収の対象となりうる。またある時点で「不利なレートでの円転換」を強制される危険も考えられるだろう。

いずれにしても、対策の本命は「海外かつ外貨建て」ということになる。具体的な手立てはいくつか考えられるが、後述する「海外ファンド」と「海外口座」がもっとも現実的な手段であろう。資産がある方には「海外不動産」も選択肢になりうるが、海外の不動産市況は高騰しており、また物件にまつわる情報も入手が難しい。相対的に非常に難易度が高い方法となる。また、外国株や外国債券の保有も一手だが、これも各種情報を入手するのが難しく、上級者向きと言えるだろう。

基本二：国内資産の一部は現物に

対策の大枠は「海外かつ外貨建て」ではあるが、それでもやはり資産の一部は現物として手元に置いておいた方が良い。具体的には、「米ドルの現金」「日本円の現金」「ゴールドの現物」「ダイヤモンド」などである。これらは、資産防衛と同時に国家破産時のドサクサを生き残るための生活原資にもなるためだ。

「米ドルの現金」は、インフレによって日本円の価値が著しく毀損するような局面で大いに威力を発揮する。実際、過去の破綻国家ではヤミ市場で米ドルが流通し、米ドルを持っていた人が非常に強かったという話がいくつもある。専門用語では「ドル化」という現象だが、政府が外貨の使用を認めていなくとも、国民としては自国通貨よりドルの方を信用するようになるためだ。また、二〇〇〇年代初頭のトルコのように、使う時だけ米ドルから自国通貨に転換するのにも使える。

「日本円の現金」は、預金封鎖や金融機関の破綻への対策として重要だ。世界恐慌時のアメリカや二〇一五年のギリシャでの預金封鎖、直近ではベネズエラのハイパーインフレなどでも起きたことだが、有事には銀行に多くの人が押し寄せて「取り付け騒ぎ」になることがよくある。しかし、現金には限りがあり、こうなった後に引き出すのは極めて困難だ。そこで、ある程度の現金を自宅などに保管しておくことが対策となるのだ。

具体的には、米ドル、日本円共に生活費の数ヵ月分程度持っておくと良いだろう。ただ、現金の保管場所には細心の注意を払うべきだ。国家破産で治安が悪化すると、空き巣や強盗に入られ、大事な現金資産をまとめて持って行かれる危険性が飛躍的に増すからだ。また、火事によって焼失するリスクにも留意する必要がある。

こうしたリスクへの対策は、一つは自宅に強力な金庫を設置することである。数百～数千万円単位のある程度まとまった資産を保管するのであれば、防盗性能の高い、重さ一トンクラスの金庫を設置することが望ましいが、これは設置場所が限られる。専門の業者に依頼し、設置場所や設置方法に万全を期すのも一手だろう。

また、貸金庫やレンタルボックスなど「自宅外」を活用するのも有効だ。ただし、銀行など金融機関の貸金庫や大々的に宣伝しているところはやめた方がよい。特に銀行の貸金庫は、当局の要請に応じて開けられ、最悪没収される危険すらあるためだ。一九九七年のロシア危機の際、ロシアの銀行では実際に貸金庫が開けられ、財産が没収されたという。金融機関は当局のお目付が特に厳しいため、国家破産時には逆に「没収リスク」が高まることを覚えておいた方がよい。ではどうするかだが、あまり世の中には知られていない、しかしセキュリティが強固なレンタルボックスは極めて有効だろう。

基本三：金は持つべきだが注意点も多い

現物資産である金（ゴールド）も国家破産対策として極めて有効だ。「有事の金」と言われる通り、通貨への信認が著しく低下すると、金への注目は嫌でも高まる。さらに、インフレが高進すれば当然金価格も上昇する。

では、金で全財産を持っておけば良いかというと、そうはいかない。金には、資産防衛の観点で他の資産にはないリスクに注意が必要となるためだ。というのも、国家破産時にまず考えられるのが政府による「金没収」の危険性だ。

歴史を振り返ると様々な国で金の供出や没収が行なわれているが、もっとも有名な国家による金没収と言えば、世界恐慌後の一九三三年に覇権国家アメリカにおいて国民の金保有を禁じ、保有者に不利な交換レートで金を供出させた大統領令の発布だ。独裁国家で起きたのならまだわかるが、あの「自由の国」アメリカですら金没収が起きたのである。破産後の日本でそれが起きない道理はない。

現在の日本では、二〇〇〇万円を超える金の売却は税務当局に報告される他、「犯収法」（犯罪収益移転防止法）を根拠として業者での取引履歴の保管が義務付けられている。こうした情報を元に、有事に政府が金供出を迫ってくることは十分に考えられるだろう。これに対抗するには、五〇〇グラムや一キログラム単位の金地金ではなく、金貨など小さい単位で金を保有することが有効だ。

また、偽物の流通にも注意が必要だ。現在では、タングステンという金と比重が近い物質を使ったニセモノが作られるといったケースが主流で、この場合素人はおろか一般の販売店レベルですら真贋を見極めることは難しいという。有事には偽物が出回るリスクが飛躍的に高まるため、業者側も取引には特に慎重になる。最悪、取引に応じないという例も出てくるだろう。つまり、本当の有事には金を現金化してしのぐということができない可能性が高いということだ。金現物を手元に置いておく効用は、有事のサバイバル目的というよりも、国家破産のドサクサが過ぎ去り、ある程度経済が落ち着いてからの生活再建資金として位置づけた方がよいだろう。

さらに金は、持ち運びしづらく保管場所にも注意が必要となる。特に数キロ単位のまとまった量になると、イザという時これを持ち運ぶのはかなり大変な上、たとえば国外に持ち出そうと思ってもセキュリティゲートで確実に検知されてしまう。そうした意味でも、国内に置いておいて長期保有するのが適切だ。なお、海外への持ち出しなど可搬性を考えると、金よりも有効な現物資産がある。これについては後ほど詳しく触れて行く。

これらの注意点を総合すると、金は国家破産対策として極めて有効だが、あまり大量の保有はしない方がよい。資産全体の一〇～二〇%程度を一つの目安として保有するのがよいだろう。また、もし当局が没収に乗り込んできた場合に備えて、絶対に見つからない場所（たとえば家の庭や山の中など）に保管しておくことも有効だ。その場合、あなたがボケて隠し場所を失念しないことが何よりも重要だが。

基本四：株、不動産は売却が原則

読者の皆様の中には、資産の大半が国内の株や不動産という方もいらっしゃるだろう。そういう方には残念な話だが、それらはまともな値段がついているうちに売却するのがよい。

特に、不動産については早急に手を打つことをお勧めする。そもそも、国家破産という異常事態を抜きにしても、日本は少子高齢化によって不動産需要は先細りが目に見えている。外国資本の参入、東京オリンピックによる特需、首都圏や大都市圏の再開発プロジェクトなどで一部の不動産価格は引き続き上昇する可能性があるが、一方で高度成長期に分譲された東京都内や首都圏の大規模団地は人口減少が続き、半ばゴーストタウン化している。地方の住宅地なども今後需要は減る一方で、ハッキリ言って資産価値を期待するのは間違いだ。

新聞や雑誌、テレビなどではマンション経営など不動産投資がしきりに喧伝されているが、需給を考えればそんな美味しい話があるわけがないのは一目瞭然だ。実際、「サラリーマン大家さん」として有名になったとある不動産投資家も、採算性が急激に低下して投資が完全に行き詰まっているという。

不動産を持っている方の中には、先祖代々持ち続けた土地があり、それを手放すことはできないという方もいるだろう。もし、あなたがその土地を保有し続けるというのであれば、その土地は当分の間、ご先祖の「形見」としての価値しかないと考えるべきだ。

さらに、その土地に高い税金が課せられる可能性も覚悟しなければならない。通常、不動産の所有者には固定資産税が課せられるが、国家破産時に税率が引き上げられる可能性があるのだ。実際、ギリシャでは二〇一一年以降の財政再建プログラムに不動産特別税が盛り込まれ、多くの資産家が別荘の売却に追い込まれた。しかし、あまりに高額な税金が課せられたため別荘の買い手がつかず、使っていないのに税金だけは持って行かれるという最悪の事態に陥ったというのだ。不動産は簡単に売買が成立しないため、様々なリスクを想定して早めに決断、行動することが肝要だ。もし、あなたが不動産投資に関心があるのであれば、国家破産が起きて不動産価格が暴落したあとを狙うのがよいだろう。

また、不動産ほどではないが株も基本的には売却をお勧めする。国家破産によってパニックに陥った相場では、大多数の銘柄が意味もなく暴落する。また、財務がぜい弱で市場の変化に影響を受けやすい会社の場合、倒産の憂き目に遭うことも覚悟しなければならない。よほど財務が強固で事業の将来性も高い企業であれば、国家破産相場も乗り越えて資産価値を高めるだろうが、そうした見通しが立たない企業の株は、良い時期に売却するのが妥当だろう。

ただ、株の場合は不動産に比べると状況はましかもしれない。国の経済活動を支え、財政を再建させる上で株式市場に過度の重税を課すのは得策ではないためだ。また、世界的水準で優良・有望な企業であれば海外勢の買い支えも期待できる。他の資産クラスと比べても流動性は高く、機敏に売買できることも強みとなるだろう。

なにより、日本株はバブル崩壊後の「失われた二〇年」による長期下落トレンドから二〇〇九年三月に大底を打って長期的上昇トレンドに転換している。「国家破産相場経由、歴史的高値行き」も大いに期待できる状態なのだ。もし国家破産が到来したら、余裕資金の一部を株式投資に振り向けるのも一興だろう。

ただし、くれぐれも慎重に。台風で大時化の荒海に船を出すようなもので、ヘタをすればすぐにのみ込まれる恐れがある。株式投資の経験が少ない人は、頼れる「水先案内人」を使うのがよいだろう。

国家破産対策――上級編

ここからは、「基本編」から一歩踏み込んだ国家破産対策を見て行こう。「上級編」と銘打ったが、余裕資産がある方にとっては、ここからいよいよ本格的、実践的な対策という位置づけになる。なじみの薄いものもあるかもしれないが、しっかりと熟読し、対策の参考として欲しい。

上級一：まず「海外ファンド」を持とう

私がまずお勧めしたいのが、「海外ファンドへの直接投資」という方法だ。海外ファンドを第一に挙げるのには理由がある。まず、海外ファンドは国内にいながら手続きができるため、「海外の外貨建て資産」を保有するにはもっとも手っ取り早い方法である。さらに、後述する「海外口座」に比べても、保有後の維持管理面で負担が少ない。また、運用面も年率二〇％以上を狙うハイリターン型のものから低リスクで年五％前後を手堅く狙うものまで、多様な選択肢から選ぶことができる。取り掛かりやすく、続けやすいのが何よりの魅力だ。

そして、運用の内容も金融のプロによる最先端の手法や収益モデルを採用しているなど、自分で相場に向き合うよりもはるかに安全である。しかも、運用戦略によっては日本の国家破産などによる恐慌相場を逆手にとって、収益を上げられるものまであるのだ。

ただし、大多数の日本人にとって「海外ファンド」は耳慣れないものであるし、どのように手続きするかなどのノウハウはほとんど知られていないのが実情だ。海外への資産流出となるため、政府も基本的にはこうした情報が普及することをあまり良しとしていないことも、認知が進んでいない大きな要因だ。

とはいえ、私たち日本国民が海外ファンドを保有すること自体は、法的にも何ら問題はない。あくまで個人の自由意思としてファンド保有を希望する限りは、正規の手続きによって保有が可能なのである。私が主宰している会員制クラブでは、およそ二〇年にわたって海外ファンド情報の提供と、保有意思のあ

海外ファンドのメリット

① 国内から手続きが可能

② 始めやすく、自分で相場と向き合うより安全

③ 様々な特色を持った銘柄から自分に合うものを選べる

④ 恐慌や国家破産を逆手に取る戦略もある

る会員様への保有方法に関する助言を行なってきた。関心がある方は、巻末にクラブの案内を掲載したのでご参考いただきたいが、慣れてしまえばそれほど難しい手続きではないことも言及しておこう。

戦略一：国家破産に「効く」ファンド

さて、海外ファンドの中には国家破産を逆手に取るものもあることに触れたが、今少し詳しく紹介してみたい。いわゆる「焼け太り」を期待できるファンドとは、ズバリ運用戦略に「MF戦略」を採用している銘柄である。

私の書籍をいくつか読んだことがある方なら聞いたことがあるかもしれない。あるいは、熟知している読者の方もいらっしゃることだろう。MF戦略とは「マネージド・フューチャーズ」戦略の略で、先物（フューチャーズ）取引をある管理手法（マネージド）を使って行なうものだ。

この管理手法とは「トレンドフォロー」と呼ばれるもので、相場の方向をコンピュータで管理し、上昇相場では買い、下落相場では売りの自動売買をするという「トレンド後追い作戦」を行なうものだ。一般的には数百もの先物市場に分散投資し、効率良く収益を狙って行く。

二〇〇八年のリーマン・ショックでは、この「MF戦略」が極めて優れた成績を挙げている。しかも、大半の海外ファンドが甚大なダメージを被り、解散を余儀なくされたファンドも数多くある中での出来事である。実はこの「MF戦略」は一九九〇年代半ばから運用されてきたが、リーマン・ショックだけでなく一九九八年のロシア危機や9・11、ITバブル崩壊、最近では二〇一四年の原油暴落などの局面で収益を上げるなど、下落相場に強みを発揮してきた。

おそらく、日本国破産は世界規模での大下落相場を形成することは必至だ。となれば、このMF戦略型ファンドにとっては絶好の収益機会になるだろう。まさに、究極の国家破産・資産防衛術である。

ただし、「MF戦略」型ファンドとて万能ではない。リーマン・ショックより以前は平時の相場でも収益を上げていたのだが、リーマン・ショック後の世界的金融緩和の中ではかばかしい成績を挙げられず、横ばい状態が長く続くような状況となっている。もちろん、二〇〇八年以降でも二〇一四年には大きな収益を上げており、その潜在力はいまだ衰えていないことを示しているが、長期保有で継続的な収益を期待するよりも、恐慌相場や大下落相場の到来で「階段式」に収益を積み上げることに期待するのが適切であろう。

また、近年の「MF戦略」の特徴は、高い収益性よりも平時の安定性に配慮してMFの単一戦略ではなく他の戦略をミックスする傾向にある。こうした配合の妙によって、平時にはあまり著しい下落を見せなくなっている点は評価に値するだろう。日頃はなるべく目減りさせず資産を維持させて、有事には逆に収益機会を得る、という寸法である。

会員制投資助言クラブである「プラチナクラブ」「ロイヤル資産クラブ」「自分年金クラブ」で情報提供している「MF型」ファンドから一例を紹介しよう。

戦術一：ハイブリッド型MF：Fファンド

米国のファンド会社が運用を行なう「Fファンド」は、「ハイブリッド型M

F」の中でも長い運用実績を持ち、米国の機関投資家筋では知る人ぞ知るファンドだ。現在、市場に追随する「トレンドフォロー」の他に、市場の相場転換を予測する「コントラリアン」、市場の平均回帰性を利用する「ミーン・リバージョン」、さらには先物ではなく現物株式を取引対象にする「株式マーケット・ニュートラル」という、実に様々な手法を絶妙なバランスで配合して安定的な収益を狙っている。

いずれの手法もコンピュータによる自動判断で運用し、少数精鋭の運用チームがプログラムのチューニングや戦略の見直しなどを行なっている。直近の実績には華々しさはないものの、複数戦略に分散していることで安定的な動きを見せており、また市場トレンドが発生した二〇一四年にはしっかりと実績を上げている。恐慌時にもその力を発揮してくれる期待があるファンドだ。

なお、一般の投資家は「Fファンド」に直接投資ができないため、私の主宰する会員制投資助言クラブである「プラチナクラブ」「ロイヤル資産クラブ」「自分年金クラブ」では「Fファンド」の小口化ファンドである「FFファン

チャート

「Fファンド」

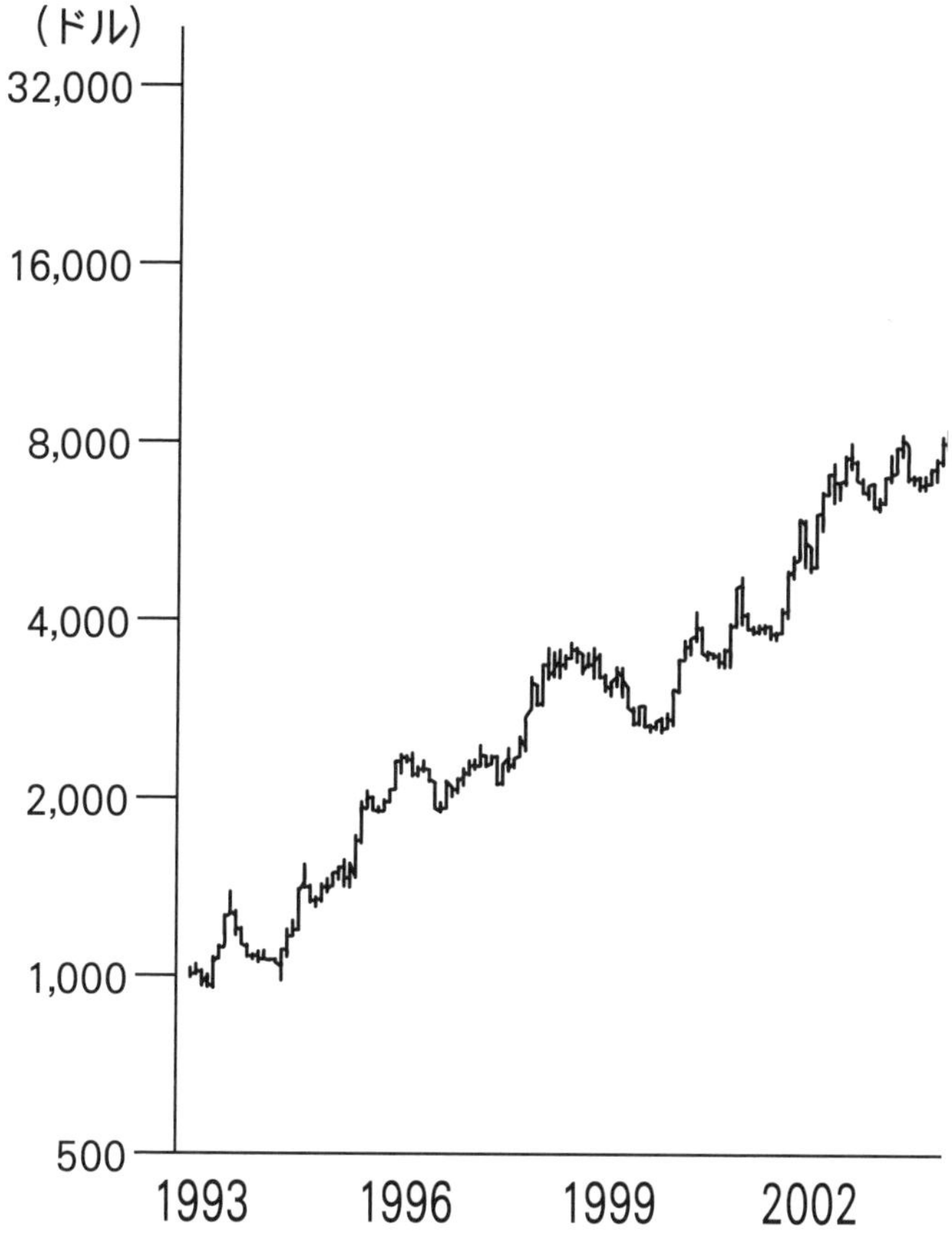

ド」の情報を提供している。

戦術二：新たなMF型ファンド：T‐ミニ

もう一例、「MF型」ファンドの最新情報をご紹介しよう。かねてからファンド情報を収集すべくやり取りを重ねていたヨーロッパのある会社から、このほど新たなMF型ファンドが欧州の投資ファンド基準を満たして投資募集を開始したという情報がもたらされた。「T‐ミニ」と呼ばれるこのファンドは「Fファンド」などとは異なり、他の戦略を取り入れずに「MF戦略」のみで運用を行なっている。

そして最大の注目点は二つ、一万米ドル相当額（約一一〇万円）というファンドとしては少額から投資可能な点と、米ドル以外にもユーロや豪ドル、スイスフランなど複数の通貨でも投資可能な点だ。有事に強いファンドに少額から投資でき、また通貨分散も行なえるというのは、個人投資家にとっては他にはない貴重な魅力と言えるだろう。

戦略二：平時に安定収益を積み重ねるファンド

もう一つ、他にはない魅力を備えた海外ファンドを紹介しておこう。私の主宰する会員制投資助言クラブである「プラチナクラブ」「ロイヤル資産クラブ」「自分年金クラブ」で情報提供している「ATファンド」である。

この銘柄は「国家破産相場」に必ずしも強いとは言えないが、やはり「外貨建て海外資産」という意味では国家破産対策に資するだろう。「ATファンド」の特長は、なんと言っても極めて安定的に収益を積み上げる堅実な利回りだろう。歴史的低金利のご時世に、なんと年率七〜八％という高い収益をもう何年も上げ続けているのだ。

秘密はその運用にある。実は「ATファンド」は、株式や債券、為替、金利や、商品などといった金融市場での取引ではなく、「融資」によって利回りを確保しているのである。それも、通常の銀行が融資するような優良貸付先ではない。たとえばアフリカなど新興国の公務員向け消費者金融や、小規模な貿易決済用のつなぎ融資、先進国の小規模事業融資など、既存金融が扱わなかった融

チャートと騰落表

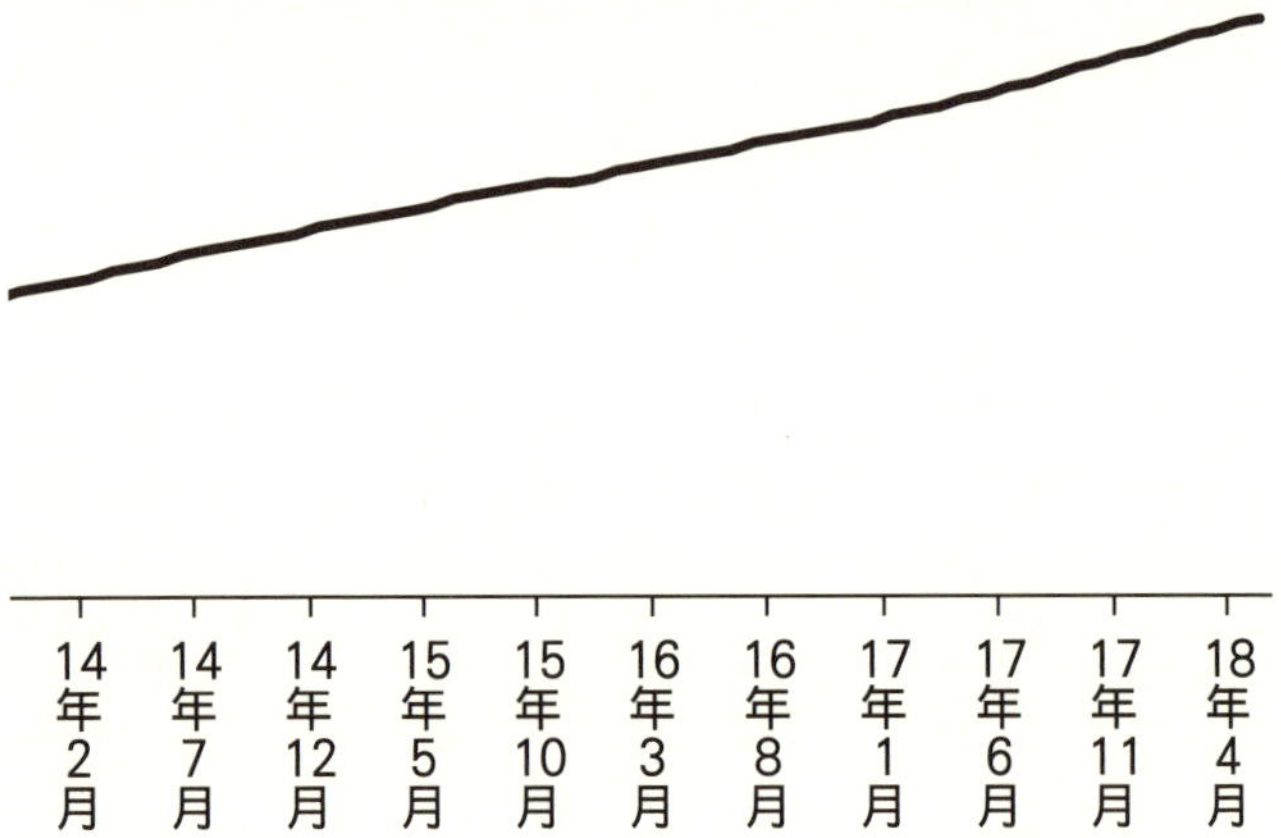

(%)

7月	8月	9月	10月	11月	12月	年初来
	0.34	0.27	0.35	0.48	0.50	1.96
0.49	0.63	0.58	0.66	0.67	0.68	7.02
0.80	0.72	0.63	0.68	0.65	0.69	8.20
0.72	0.78	0.77	0.77	0.75	0.71	9.24
0.69	0.67	0.64	0.73	0.66	0.71	8.41
0.62	0.56	0.65	0.60	0.59	0.64	8.06
0.51	0.48	0.45	0.41	0.44	0.38	6.39
0.62	0.57	0.49	0.47	0.56	0.46	6.70
0.68	0.65	0.66	0.60	0.73	0.64	7.99
						3.10

「ATファンド」の

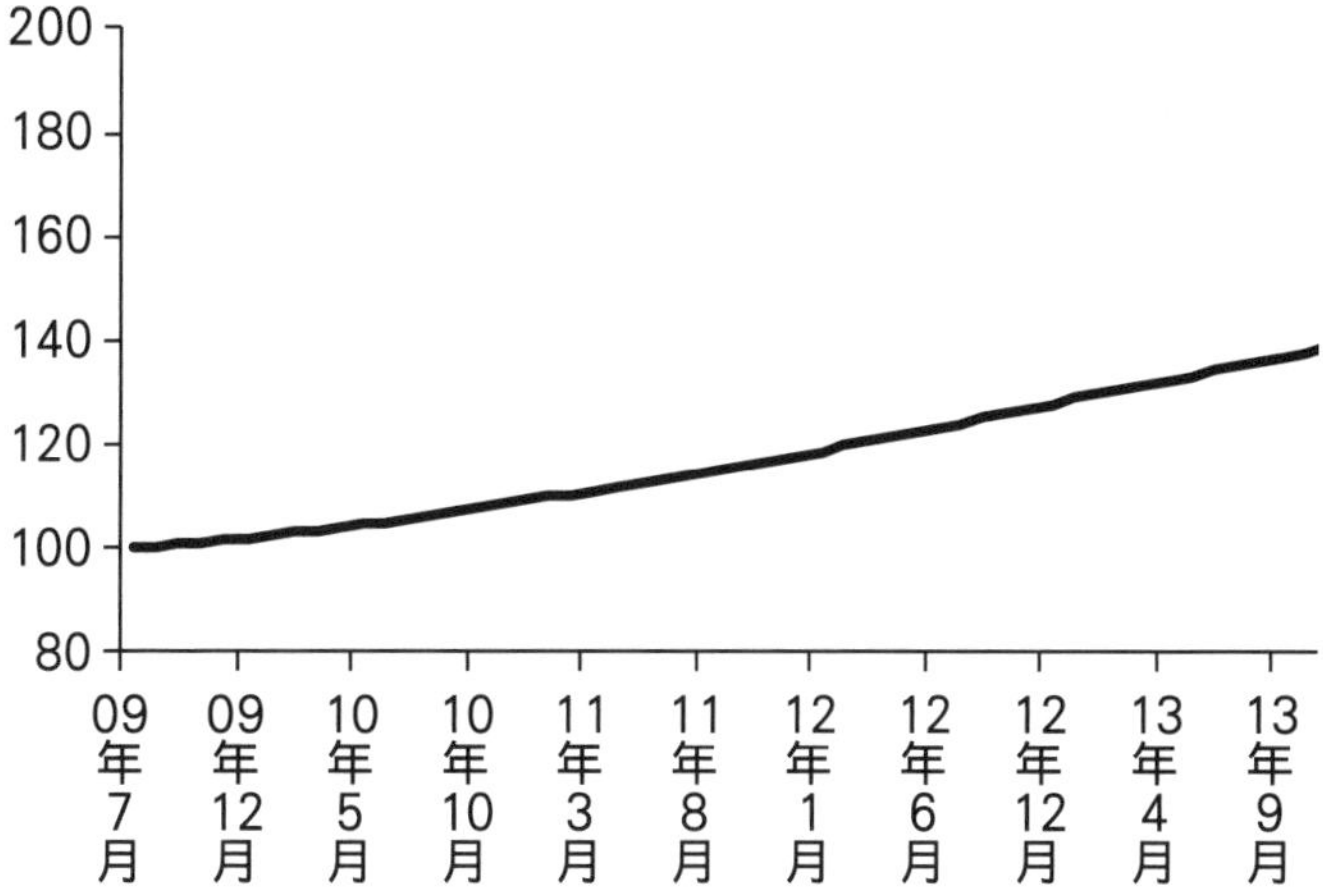

	1月	2月	3月	4月	5月	6月
2009						
2010	0.52	0.48	0.48	0.53	0.54	0.55
2011	0.67	0.50	0.55	0.51	0.79	0.72
2012	0.71	0.67	0.71	0.70	0.84	0.74
2013	0.66	0.63	0.55	0.79	0.71	0.66
2014	0.70	0.71	0.71	0.69	0.66	0.65
2015	0.55	0.64	0.53	0.68	0.55	0.61
2016	0.62	0.53	0.60	0.55	0.55	0.47
2017	0.67	0.53	0.54	0.64	0.66	0.71
2018	0.75	0.61	0.58	0.63	0.49	

資先を開拓して貸し付けるのだ。

こうした融資先は、既存の大手金融にとってリスク評価や利回りの設定などが難しい割に、資金需要が小ぶりなため採算性が見込みづらかった。しかし、フィンテック（金融とＩＴの融合）の発達によって、新たなリスク評価モデルや融資回収の仕組みなどが整備されたことによって、機動性の高い一部のファンド勢が事業化に成功したのである。「ＡＴファンド」は、まさにそうした現代の勝ち組ファンドの一つなのだ。

参考までに「ＡＴファンド」の月間騰落とチャートを掲載しておく。まるで定期預金であるかのような動きだが、これもれっきとしたファンドである。海外ファンドの奥深さを垣間見ることができる、非常に面白い銘柄と言えるだろう。

上級二：「海外口座」はメンテナンスが重要

「海外ファンドに比べて、海外口座は取り掛かりやすい」――おそらく、読者の皆様のイメージはこうではないだろうか。国内の銀行口座はほとんどの方が開設、利用したことがあるため、このように考えるのも無理はない。

しかし、海外口座は実は想像するほど安易なものではない。もちろん、国家破産対策としての有効性は海外ファンドと並んで極めて高いのだが、もし保有するのであればそれなりの覚悟で臨むことである。

まず、「海外」と一口で言ってもどこでもよいわけではない。財政も政治も健全な国にある、優良な財務内容の銀行を選ぶことが重要だ。最近では高金利を謳う海外口座もあるが、大体の場合は発展途上国ゆえに金利が高いか、詐欺まがいの高リスク運用を前提として高金利を提供している場合がほとんどである。よほどのリスク管理ができなければ、こうした海外口座の利用は手痛い目を見る可能性が高い。最悪、預け入れたお金が回収できない事態もありうるのだ。

また、ほとんどの日本人は言葉の壁でつまずくことになる。仮に口座開設時には辛うじて片言の英語で対応できたとしても、その後に提供サービスの変更や必要な手続きなどが発生した際、日本語のサポートがない口座の場合、対応が困難になることが圧倒的に多い。これは、金融の専門用語が英語で求められるためで、やはり日本語のサポートが付く銀行を選ぶべきだ。

海外口座は、開設するにも渡航と現地面談が必要である他、維持するための手続きも意外と多い点にも注意が必要だ。所在国の法律改正や、最近では国際的な金融ルールの変更によって新たに提出書類が求められることもあり、これらに対応しないと最悪、口座から資金が移動できなくなる。

また、一定年数取引がないと、「休眠口座」や「口座凍結」となり、国によっては国庫に吸い上げられて取り戻すのに現地渡航や現地弁護士の雇い入れが必要なケースもある。相続に関連して遺言書の事前提出を求められる場合もあり、これもやはり適切に対応して行くことが必要だ。

こうした諸条件の他に、直近では「ＣＲＳ」という新しい金融ルールにも留意が必要だ。「ＣＲＳ」（Common Reporting Standard：共通報告基準）とは、ＯＥＣＤ各国の新しい金融ルールで、加盟国間で非居住者の金融機関情報を交換し合うというものだ。日本はこれに加盟しており、同じく加盟している国で日本人が口座開設すると、日本の税務当局に定期的に口座情報が報告される。もちろん、このルールによって直ちに国が海外口座を差し押さえるようなことはないが、資産情報がガラス張りになるという点は意識する必要があるだろう。

このように、様々な点に注意しながら、自分に合った海外口座を開設し、また適切に維持する必要があるのだ。思っていたよりかなり面倒に感じた方は多いのではないだろうか。ただし、こうしたことも海外口座に関する適切な情報があれば難なく対応ができる。私の主宰する会員制投資助言クラブである「プラチナクラブ」「ロイヤル資産クラブ」「自分年金クラブ」では、長年の調査と経験から海外口座に関しても豊富な情報と知見を有している。もし、海外口座の活用を検討されるのであれば、こういったクラブの情報を活用することもお勧めする。

本当のドサクサで金にも勝る現物とは？

国家破産対策において、金（ゴールド）が有用な現物資産であることに変わりはない。ただし、先ほど解説した通り、金にも弱点がある。重くて持ち運びがしにくく、また空港などの金属探知器で検知される危険がある。偽物が出回るリスクがあり、さらに政府が捕捉（時に没収）対象とする点も恐ろしい。

では、逆にこうした金の弱点を補い、資産価値を維持できるような資産があるのだろうか。

私は長年、この問題に対する答えを模索してきた。そして、ついに最近、その答えを発見した。「あるルートを使う」という条件つきではあるのだが、「ダイヤモンド」こそが金を補う現物資産になるのである。

ダイヤを持つべき理由と注意点

ダイヤモンドの性質を簡単に見て行こう。まず、ダイヤはその資産価値に対して極めて小さく、軽い。金は一グラムが五〇〇〇円程度（二〇一八年七月現在）であるのに対し、ダイヤは一カラット（〇・二グラム）の国内平均買い取り額が六〇万円弱で、なんと約六〇〇〇倍もの価値があるのだ。ダイヤモンドは炭素でできているため、当然金属探知器などには反応しない。物質としての安定性が高く、劣化しにくく保管性も高い。

また、金は金融資産として当局の捕捉対象になるのに対し、ダイヤモンドは多くの国で「宝飾品」扱いされる。これは、当局が保有状況を捕捉し、没収対象とする可能性が低いということを意味する。私が懇意にする税務の専門家も同様の見解を示しており、恐らく国家破産時に捕捉される可能性は極めて低いと考えられる。まさしく、〝金を補う性質〟を見事に網羅しているのだ。

しかしながら、当然ダイヤにもいくつかの注意点がある。また、資産防衛に役立てるためには、ある重要な条件をクリアしなければならない。

まず一つ目の注意点は、ダイヤは金のようにいつでも換金できる流動性を持っていない。また公的な市場がないため、取引の目安となる価格がわかりにくく、金ほど資産価値を厳格に維持することができない。これは簡単に言えば、いかに適正な価格で買っても、売る時には若干の減価を免れないということだ。

この減価分は、資産防衛のための必要経費と捉える割り切りが必要となるのだ。

また、意外な点では紛失にも注意が必要となる。多くの専門業者に話を聞いたが、紛失リスクは必ず指摘される。つまり、それだけ紛失が多いということなのだ。軽く小さく、金属探知器も効かないのだから、確かになくしたら見つけるのは至難だろう。

その他に、温度も注意である。通常の温度では問題ないのだが、冷凍庫にしまっておいて変色したという例がある。また、表面温度が八〜九〇〇度を超えると気化が始まる上、熱伝導率が高く、直火でなくとも高温下で気化、焼失する危険がある。つまり、長時間の火事などにはくれぐれも注意が必要なのだ。

もっとも重要な「売買ルート選び」

そしていよいよ、最重要のコツを伝授しよう。それは「正しい売買ルートを選ぶ」ということだ。おそらく、ダイヤを入手するもっとも簡単な方法は一般の宝石店や百貨店での購入だろう。しかし、これでは資産防衛にはまったく役立たない。著しく割高で、また現金化が困難な場合も多い。仮に現金化できたとしても良くて五分の一、通常は一〇分の一程度にしかならない。これではただの嗜好品と同じだ。

実は、ダイヤを扱うプロの専門業者たちは、取引に際してオークションを利用することが非常に多い。また、取引価格を決めるにあたっては、「ラパポート」というニューヨークの調査レポートを活用している。

このレポートでは、業者間の取引価格を定期的にヒアリングし、ダイヤモンドの大きさや品質毎に平均価格を集計し発表しており、本当のプロの間では知らない者はいないというものだ。ちなみに、私は以前ある業者を通じてこのレポートを特別に見せてもらったことがあるが、並んでいる金額を見て衝撃を受けた。デパートや有名宝飾ブランドの店頭価格の三分の一程度なのである。

さらに衝撃的だったのは、その業者の方の話では、宝飾品業者が参加するオークションではラパポートのさらに半額程度で取引されることもザラなのだということだ。

残念ながら、既存の宝飾品販売会社やデパートなどは、こうした仕組み自体を知らない、あるいはこうした仕組みにアクセスできないケースが多いのだという。それは、ダイヤ流通の歴史と深い関わりがあるのだが、大分長い話になるのでここでは割愛する。興味がある方は拙書『有事資産防衛　金か？　ダイヤか？』（第二海援隊刊）に詳しいのでご参照いただきたい。

このようなカラクリがわかっていないと、正しいダイヤの活用はできない。つまり世界的な流通価格を知り、世界各地のオークションにアクセスでき、誠実な価格を提供する業者を使うこと、それこそがダイヤ活用のカギなのである。

私は、かねてから「資産としての宝石」に関心があり、様々なルートの情報を収集してきた。そしてこのほど、まさにこの条件に見合うルートを確保することができた。同様の業者は他にもあるかもしれないが、今のところ私が知りうる限りでこうした優良な業者は日本国内でその一社しか知らない。

そこで、ダイヤモンドでの資産防衛に興味がある方のために、そうした情報

ダイヤモンド資産防衛 実践法

ルース（石単体）での購入

宝飾品ではなく、
専門業者から購入

GIAの鑑定書付き

1カラット/VS/F/GOOD
以上の条件

売却ルートが
確保されていること

**全財産の5〜10%を
目安に保有する**

をお伝えする「ダイヤモンド情報センター」を開設した。巻末にその情報を掲載しているので、ぜひご参考いただきたい。

どんなものを、どの程度持つのか

正しいルートを確保できた暁には、いよいよダイヤの保有となるが、ダイヤは金などと異なり、大小様々で品質も異なる。資産防衛の観点で、どのようなものが適切なのだろうか。前述の業者によると、資産保全用にダイヤを買う場合は未加工のものが良い。つまり、指輪やネックレスなどではなく、「ルース」（石単体）を買うということだ。加工済みのものは加工費をはじめ金額が相当上乗せされているため、売買価格差が開きやすい。もし、宝飾品としても使いたいならば、ルースを買って腕の良い格安の加工業者に作ってもらうことだ。

また、偽物でないことはもちろんのこと、品質が保証されていることも重要だ。具体的には、米国の鑑定期間によるＧＩＡ認証がついているものが良い。

日本ではＡＧＬ（宝石鑑別団体協議会）が鑑定を統括しているが、将来的に海外に持ち出す可能性を考えると、ＧＩＡの方が有利だろう。

ダイヤは大きいほど希少価値が上がるが、資産防衛においては流動性と資産維持性のバランスが重要だ。その観点では、重さ一～三カラット程度、クラリティはＶＳ以上、カラーはＦ以上、カットはＧｏｏｄ以上のものが良い。

なお、こうした条件を満たすものは市井の価格が大体一三〇～一五〇万円程度だが、ダイヤモンド業者のオークション相場はこれより相当安いという。したがって、やり方次第ではより有利に購入することも可能となる。

肝心の保有割合だが、金を補完する資産という位置づけで、全資産の五～一〇％程度が妥当であろう。また、大きいダイヤを一つ買うより小粒のダイヤ（と言っても一カラット以上）を複数持つ方が良い。大きいものより小口で現金化でき、また万が一の紛失へのリスク分散にもなるためだ。

資産だけでなく、自分の避難先も確保しよう

いよいよ事が差し迫り、モノが買えなくなったり犯罪に巻き込まれそうな危険が増してくると、日常生活もままならなくなる。命の次に大切な資産をうまく避難させていても、自分の命が脅かされるようでは本末転倒だ。したがって、究極の混乱期には日本を脱出し、一時避難できるようにしておくことも重要だ。

私は、その一時避難先として早くからニュージーランドに注目してきた。日本と似た温暖な気候、穏やかでフレンドリーな国民性、環境汚染が少なく雄大な自然が多く、また地政学的にも戦争とは無縁であることなど、非常に多くの魅力を有しているためだ。

ただし、ここしばらくはニュージーランドを活用しづらいかもしれない。不動産価格が急騰しバブル状態になっており、また家計債務が積み上がって経済に危険な兆候が出ているためだ。また、中国やインドの新興富裕層などが大量

に押し寄せて社会問題化したことから、現政権は外国人や外国資本の流入を絞り込む方針を打ち出している。もちろん、観光ビザの有効期間内だけであれば一時避難には問題ないが、たとえば不動産を購入し、年単位で滞在するとなるとハードルは相当高いのが現状だ。

とはいえ、ニュージーランドの魅力自体には何の変わりもない。やはり将来日本に何か起きた時のための最後の命綱として、必ず一度は訪れておくことをおすすめする（そのニュージーランドを私と共に訪問する「浅井隆と行くニュージーランドツアー」を二〇一八年一一月に開催する。毎年一一月に開催予定なので是非一度、ご参加頂きたい）。

ニュージーランドと比較はできないが、東南アジア圏の新興国であれば活用の余地はまだあるかもしれない。日本が破産すればその余波はアジア圏にもおよぶため、避難先選びは慎重に行なう必要があるが、それでも自分の大切な命を守るために、一時避難先の検討は進めておきたいところだ。

資産規模、家族構成や社会的立ち位置によって対策は異なる

さて、様々な具体的対策を見てきたが、何をどう行なっていけばよいか迷ってしまう方もいることだろう。資産規模や家族構成などによって、できること、やるべきことも変わってくるため、いくつかのケースごとにお勧めする対策を紹介して行く。

ケースその一：手持ち資産が少ない人（金融資産一〇〇万円未満）

現役世代はもちろん、年金世代の人も基本的には働き続けることを検討すべきだ。「自分は何もできない」と考えず、様々な可能性を模索していただきたい。特に若い方の場合、海外で働くことや、国内でも外国人相手の仕事などは国家破産後も続けられる可能性があり、よいだろう。

また、これから蓄えを作って行くのであれば、外貨建て資産をコツコツと積

み立てて行くのが良いだろう。ある程度まとまった額（一〇〇万円単位）になったら、海外の活用を検討するとよい。

一〇〇万円未満の資産については、米ドル現金、円現金、金現物など手元の現物資産として保有していくとよいだろう。

ケースその二：ちょっと蓄えがある人（数百万〜一〇〇〇万円程度）

こちらの方も、年齢を問わず基本的には働き続けた方がよい。やはり、年金をアテにして生活設計を行なうことは、大きなリスクを伴うと考えるべきだ。

まず目先の対策としては、米ドル現金や円現金だが、現物だけで対策を打つのは極めて危険である。一万ドル程度の少額からでも海外ファンドを持つことができるので、ぜひ海外の活用を検討して欲しい。

ケースその三：準富裕層（二〇〇〇万〜一億未満）

このくらいの資産規模の方も、もちろん仕事はし続けた方がよいが、もし国家破産対策をほとんど行なっていないなら、まず早急に対策に着手した方がよい。徳政令などのとんでもない政策によって受けるダメージが大きくなり始めるため、対策の有無がその後に大きな差となってくるのだ。

具体的には、海外資産を七～八割、国内資産を二～三割とし、残りは準備資金や国内資産に充ててもよいだろう。三〇〇〇万円を超える金融資産を持つ方は、ファンドだけでなくぜひ海外口座の活用も並行したい。海外資産部分は、ポートフォリオの組み方次第で高い運用成績を目指すことも可能となるため、いろいろと情報を駆使して工夫していただきたい。

現物資産については、米ドル現金、円現金、金現物をそれぞれ一〇〇～二〇〇万円程度持つことをまずはめざそう。別に準備資産を持つ場合、円現金ではなくダイヤを保有するのも有効だ。また、こうした現物資産は保管にも万全を期したい。自宅保管の場合、盗難や焼失を免れるため専用の金庫を設置するなど、こちらも工夫を凝らしたい。

この層の人たちは、対策すべきことがいろいろあり、検討する要素も多く、うまくバランスを取りながら進める必要もあるため、ポートフォリオや具体的な対策方法について頼れる専門家をつけることをぜひお勧めする。

ケースその四：富裕層（一億〜五億）

この資産層になってくると、仕事をしなくても資産の運用を上手に行なうことで生活設計が成立するようになる。ただその代わり、資産運用には相当の心血を注いで真剣に取り組まなければいけないだろう。なにしろ、これからの時代は国家破産の激動期に突入するのだ。高度成長期のように、銀行や不動産で漫然と運用できた時代とはまったく違う、まさにイバラの道である。

ただ、その分工夫次第では大きく資産を殖やす千載一遇のチャンスの時代とも言える。お持ちの資産を武器に大いに試行錯誤し、そして大いに成功の果実を味わっていただきたい。

国家破産対策としては基本的に準富裕層のところで触れたものと一緒だが、今一歩進めて「激動を逆手に取る」戦略も一部採用するとよいだろう。具体的には、株式投資（日・米など）や不動産投資（国内の超有望エリアの物件など）である。

これらは国家破産対策の観点では基本的に禁じ手であるが、一方で激動期における攻めの道具としてうまく活用すれば資産倍増の強力な武器になる。果敢に取り組んでいただきたい。

また、この層は当局からの「お目付」も相当厳しいものが予想される。イザ当局が乗り込んできたという究極の状況に備えて、ダイヤの保有、海外の一時避難先の確保は必須だ。自宅や自社といった自分のテリトリーの他に、信頼できる資産保管先を確保することも有効な対策となるだろう。

いずれにせよ、この層は有事にかなりプレッシャーを受けることを覚悟して、万全の対策を打っていただきたい。

ケースその五：超富裕層（五億〜）

このクラスの方ともなれば、それなりに資産運用・資産防衛を行なっていることがほとんどだろう。中にはプライベートバンクやファミリーオフィスを利用している方もいらっしゃるかもしれない。

ただ、もし意識的な対策を行なっていないという場合は、即座に対策されることを強く奨める。ハッキリ言って、当局は四六時中あなたのことを注目し、捕捉している。すでに様々な法律があなたの資産を縛り付けているが、それでもまだやれることはいろいろとある。周りに相談できる人がいないという方は、私に相談していただいても結構だ。もちろん秘密厳守で、親身に相談をお受けしよう。

保有資産の大半が不動産という方もいるだろう。こういうケースは、実に対処が難しい。仮に処分して現金化しようにもそう簡単にはできないことが多く、また現金化できたとしてもその後の対処に迷うことが多いのだ。宝くじで大金を当てるのと同様、いきなり見たこともない額のお金が転がり込むと、大半の人は判断を誤り身を持ち崩してしまう。そこを抑止するためにも、やはり専門家の知見を頼った方がよい。

最近流行りの「億り人」も同様である。仮想通貨や株式、FXなどで短期間に財を成した人も、やはりその後のお金の扱いを誤りやすい。また、たまたま運が良かっただけなのに「自分には稼ぐ能力がある」とカン違いし、過信を生んでしまいやすいのも「億り人」にありがちな罠だ。こうした人達にこそ、客観的で耳の痛い話もする、専門家の知見が必要である。

家族構成その一：独り身の場合

あらゆる対策は自分の判断の元で自由に行なうことができるだろう。ただ、人間はやはり支え合いが必要な「社会的動物」である。人生を共にするパートナーや、あるいは親身に相談し合える人は作った方がよい。

もし、身の周りに国家破産対策や経済の話を共有できる人がいないなら、私が主宰するクラブや講演会を通じて仲間づくりをしていただくのも手だ。おなじ危機意識を共有し相談できる一方、地域や親族などのしがらみからは離れた交流もできるだろう。

まだ若くて海外に興味がある方なら、海外の人との交流は非常に有効だ。もし幸運にも外国人の伴侶を得られれば、それ自体が極めて有効な国家破産対策の一つになり得る。

家族構成その二：家族・親族がいる場合

大切な資産をどうするか、あなたの一存では決められないことだろう。できれば国家破産の危機意識を共有し、同じ目標に向かえるようになれば理想的だが、何度説得してもなかなか聞いてくれないということもあるかもしれない。その場合でも、決してあきらめず自分の判断で実行できるだけの対策は打っていただきたい。

また、「国家破産対策」というとアレルギー反応が出る人も「資産運用」や「お金に働いてもらう」など切り口を変えると、「それなら無理のない範囲でどうぞ」という場合もある。知恵を絞ってうまく説得する努力は続けていただきたい。

親族付きあいが幅広い方は、少なくとも一度は国家破産対策の重要性について話をしておいた方がよいだろう。自分だけが国家破産時に助かった場合、「なぜあの時言ってくれなかった⁉」と恨みを買うことになりかねないからだ。少なくとも一度言っておけば、そうした危険を和らげることができる。

自分で話をするには気が引ける、という方は、この本を余分に買ってプレゼントするというのも一手だ。紹介したことが形に残る上、その親族がその気になればきちんと熟読して対策を打つだろうからだ。

万全の対策で激動の時代を明るく乗り切れ！

ここまでで、現段階で取りうる国家破産対策の大枠を見てきた。実践に移すには、今少し細かい注意点があるが、何をすればよいのかは大よそ把握できたのではないだろうか。あとはあなたの実践あるのみ！　である。

ご自身の状況に照らして、必要な対策を一通り打てたら、過度な不安に陥ることなく、明るく毎日を過ごすことを心がけよう。まさに「人事を尽くして天命を待つ」がごとき心境で、激動の時代をしかと見届けていただきたい。国家破産とは、国家にとっては一〇〇年単位の歴史的大事件である。考えようによっては、めったに見られない一大イベントに遭遇する好機でもあるのだ。

ぜひ明るくこの時代を乗り切り、そして新しい時代の日本の姿を共に目に焼き付けようではないか。

エピローグ

カウントダウンに入った国家破産

「安倍首相が日本を破滅させる‼」——二〇一七年二月に世界三大投資家の一人として高名なジム・ロジャーズは、シンガポールで私に向かってこの衝撃的な言葉を吐いた。

彼は日本国政府の借金の増加の推移と人類史上今まで誰も経験したことのないスピードで進む少子高齢化についての詳しい内容をよく理解した上で、そう明言したのだ。

ジム・ロジャーズはさらに別の場所で「日本人は将来自分の国で起きる事態のために銃で武装すべきだ」とさえ忠告している。つまり、アベノミクスであまりにも無理なこと（国債を日銀が大量に買うなどの内容）をしたがために、将来日本で起きる「国家破産」は人類史上で人々がかつて経験した経済事件の中でも最悪のものになるというのだ。その結果、日本国内の治安は、一般人が自ら銃で重武装しないと命を守れないほどとんでもない状況になるという。彼はこれまで様々な予測を適中させてきただけに、笑い話としてすませるわけには行かない。

日本の財政状況はすでに予断を許さない段階に突入している。アベノミクスの麻薬効果によって景気は大分回復し、税収もかなり増えたため、借金の増加額は一時より減ったが、それでも毎年三〇兆円近い額が借金として積み上がっている。この一時的小康状態をよいことに、政府自民党はさらなるバラ撒きを始めた。借金の増加を止めるより目先の票集めのための小細工に終始しているのだ。しかも、最大の出費である社会保障費の削減については、ほとんど何の手も打っていない。こうして、なし崩し的に財政の悪化だけが進行して行く。

こんなに借金が増えても今のところどうにかもっているのは、金利が異常に低いからだ。しかも、その原因は政府が日銀に命じて国債（＝借金）を無尽蔵に買わせているからだ。

しかし、いくら日銀と言えども無制限に国債を買えるわけではない。そして、金利はいつか必ず上がってくる。金利が上がったらこの国は一瞬でお終いだ。事ここに至っては、私たち国民としては自らの命と財産を守るためにいくつかの手を打たざるを得ない。その手についてはページ以降をご覧いただきたい。

この国が今の平穏な状況にいられるのはあと二、三年だろうか。その時になって泣き叫んでも遅い。どんな時代も先手必勝だ。早く読者が手を打たれんことを願う。

二〇一八年七月吉日

浅井　隆

浅井隆からの重要なお知らせ
――国家破産を生き残るための具体的ノウハウ

厳しい時代を賢く生き残るために必要な情報収集手段

日本国政府の借金は先進国中最悪で、GDP比二四〇%に達し、太平洋戦争終戦時を超えて、いつ破産してもおかしくない状況です。国家破産へのタイムリミットが刻一刻と迫りつつある中、ご自身のまたご家族の老後を守るためには二つの情報収集が欠かせません。

一つは「国内外の経済情勢」に関する情報収集、もう一つは「海外ファンド」に関する情報収集です。これについては新聞やテレビなどのメディアやインターネットでの情報収集だけでは絶対に不十分です。私はかつて新聞社に勤務し、以前はテレビに出演をしたこともありますが、その経験から言えることは「新聞は参考情報。テレビはあくまでショー（エンターテインメント）」だということです。インターネットも含め誰もが簡単に入手できる情報で、これからの激動の時代を生き残って行くことはできません。

皆様にとってもっとも大切なこの二つの情報収集には、第二海援隊グループ（代表　浅井隆）で提供する「会員制の特殊な情報と具体的なノウハウ」をぜひご活用下さい。

本当に価値のある情報をお届けする「経済トレンドレポート」

最初にお勧めしたいのが、浅井隆が取材した特殊な情報や、浅井が信頼する人脈から得た秀逸な情報をいち早くお届けする「経済トレンドレポート」です。今まで数多くの経済予測を的中させてきました。そうした特別な経済情報を年三三回（一〇日に一回）発行のレポートでお届けします。初心者や経済情報に慣れていない方にも読みやすいレポートで、新聞やインターネットに先立つ情報や、大手マスコミとは異なる切り口からまとめた情報を掲載しています。

さらにその中で恐慌、国家破産に関する『特別緊急警告』も流しております。

「激動の二一世紀を生き残るために対策をしなければならないことは理解したが、何から手を付ければ良いかわからない」「経済情報をタイムリーに得たいが、難しい内容にはついて行けない」という方は、まずこの経済トレンドレポートをご購読下さい。経済トレンドレポートの会員になられますと、様々な割引・特典を受けられます。

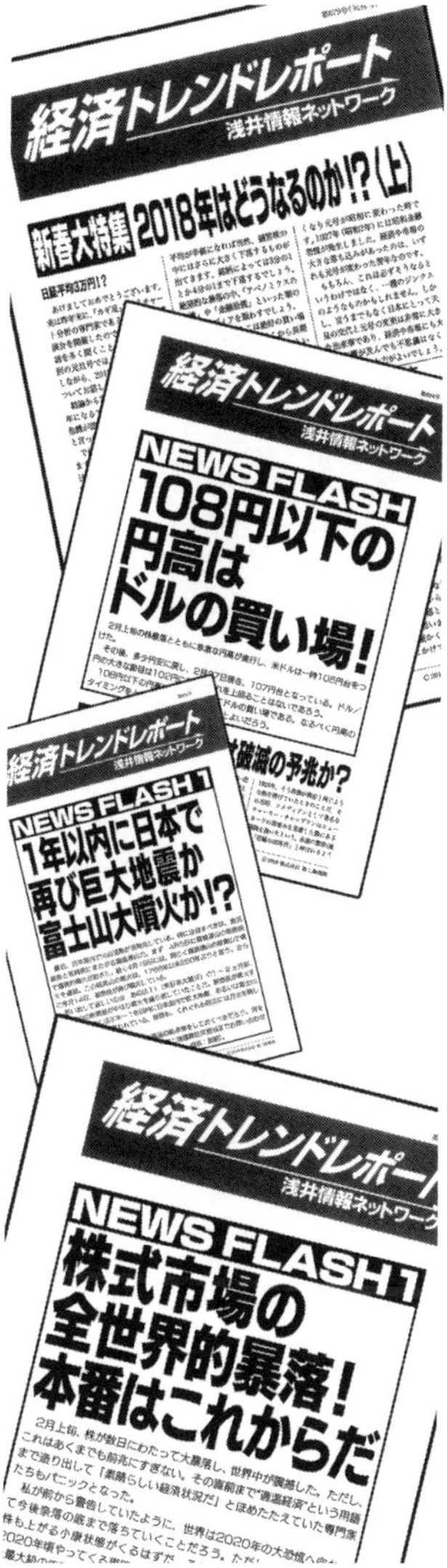

詳しいお問い合わせ先は、㈱第二海援隊まで。
TEL：〇三（三二九一）六一〇六　FAX：〇三（三二九一）六九〇〇

恐慌・国家破産への実践的な対策を伝授する会員制クラブ

国家破産対策を本格的に実践したい方にぜひお勧めしたいのが、第二海援隊の一〇〇％子会社「株式会社日本インベストメント・リサーチ」（関東財務局長（金商）第九二六号）が運営する三つの会員制クラブ（「自分年金クラブ」「ロイヤル資産クラブ」「プラチナクラブ」）です。

まず、この三つのクラブについて簡単にご紹介しましょう。「自分年金クラブ」は、資産一〇〇〇万円未満の方向け、「ロイヤル資産クラブ」は資産一〇〇〇万～数千万円程度の方向け、そして最高峰の「プラチナクラブ」は資産一億円以上の方向け（ご入会条件は資産五〇〇〇万円以上）で、それぞれの資産規模に応じた魅力的な海外ファンドの銘柄情報や、国内外の金融機関の活用法に関する情報を提供しています。

恐慌・国家破産は、なんと言っても海外ファンドや海外口座といった「海外の活用」が極めて有効な対策となります。特に海外ファンドについては、私たちは早くからその有効性に注目し、二〇年以上にわたって世界中の銘柄を調査してまいりました。本物の実力を持つ海外ファンドの中には、恐慌や国家破産といった有事に実力を発揮するのみならず、平時には資産運用としても魅力的なパフォーマンスを示すものがあります。こうした情報を厳選してお届けするのが、三つの会員制クラブの最大の特長です。

その一例をご紹介しましょう。三クラブ共通で情報提供する「ATファンド」は、先進国が軒並みゼロ金利というこのご時世にあって、年率六〜七％の収益を安定的に挙げています。これはたとえば三〇〇万円を預けると毎年約二〇万円の収益を複利で得られ、およそ一〇年で資産が二倍になる計算となります。しかもこのファンドは、二〇一一年の運用開始から一度もマイナスを計上したことがないという、極めて優秀な運用実績を残しています。日本国内の投資信託などではとても信じられない数字ですが、世界中を見渡せばこうした優れた銘柄はまだまだあるのです。

冒頭にご紹介した三つのクラブでは、「ATファンド」をはじめとしてより高い収益力が期待できる銘柄や、恐慌などの有事により強い力を期待できる銘柄など、様々な魅力を持ったファンド情報をお届けしています。なお、資産規模が大きいクラブほど、取り扱い銘柄数も多くなっております。

また、ファンドだけでなく金融機関選びも極めて重要です。単に有事にも耐えうる高い信頼性というだけでなく、各種手数料の優遇や有利な金利が設定されている、日本に居ながらにして海外の市場と取引ができるなど、金融機関も様々な特長を持っています。こうした中から、各クラブでは資産規模に適した、魅力的な条件を持つ国内外の金融機関に関する情報を提供し、またその活用方法についてもアドバイスしています。

その他、国内外の金融ルールや国内税制などに関する情報など資産防衛に有用な様々な情報を発信、会員様の資産に関するご相談にもお応えしております。

浅井隆が長年研究・実践してきた国家破産対策のノウハウを、ぜひあなたの大切な資産防衛にお役立て下さい。
詳しいお問い合わせは「㈱日本インベストメント・リサーチ」まで。
TEL：〇三（三二九一）七二九一　FAX：〇三（三二九一）七二九二
Eメール：info@nihoninvest.co.jp

浅井隆の「株投資クラブ」がついに始動！

現在の日本および世界のトレンドは、一〇年前の金融危機がまるで嘘のように好調を維持しています。一方、来たるべき次の危機（世界恐慌や重債務国の破綻）への懸念も高まっています。こうした「激動と混乱」の時代は、多くの人たちにとっては保有資産の危機となりますが、「資産家は恐慌時に生まれる」という言葉がある通り、トレンドをしっかりと見極め、適切な投資を行なえば資産を増大させる絶好の機会となります。

浅井隆は、長年の経済トレンド研究から、いよいよ大激動に突入する今この時期こそ、むしろ株投資に打って出る「千載一遇のチャンス」であると確信し、皆様と共にピンチを逆手に大きく資産を育てるべく、株に関する投資助言クラブの設立を決意しました。

アベノミクス以降、日本の株は堅調に上がってきましたが、二〇一九年後半～二〇年にかけて世界恐慌という有事により株価が暴落する可能性があります。しかしながら、その後の日本株は高インフレで長期上昇を見せることになるでしょう。詳細は割愛しますが、こうしたトレンドの転換点を適切に見極め、大胆かつ慎重に行動すれば、一〇年後に資産を一〇倍にすることすら可能です。

このたび設立した「日米成長株投資クラブ」は、現物株式投資だけでなく、先物、オプション、国債、為替にまで投資対象を広げつつ、経済トレンドの変化にも柔軟に対応するという、他にはないユニークな情報を提供するクラブです。現代における最高の投資家であるウォーレン・バフェットとジョージ・ソロスの投資哲学を参考として、割安な株、成長期待の高い株を見極め、じっくり保有するバフェット的発想と、経済トレンドを見据えた大局観の投資判断を行なうソロス的手法（日経平均、日本国債の先物での売り）を両立することで、大激動を逆手に取り、「一〇年後に資産一〇倍」を目指します。

銘柄の選定やトレンド分析は、私が信頼するテクニカル分析の専門家、川上明氏による「カギ足分析」を主軸としつつ、長年多角的に経済トレンドの分析を行なってきた浅井隆の知見も融合して行ないます。川上氏のチャート分析は極めて強力で、たとえば日経平均では二八年間で約七割の驚異的な勝率をたたき出しています。

会員の皆様には、当クラブにて大激動を逆手に取って大いに資産形成を成功させていただきたいと考えております。なお、貴重な情報を効果的に活用するため少数限定とさせていただきたいと思っております。ぜひこのチャンスを逃さずにお問い合わせ下さい。サービス内容は以下の通りです。

1．浅井隆、川上明氏（テクニカル分析専門家）が厳選する低位小型株銘柄の情報提供
2．株価暴落の予兆を分析し、株式売却タイミングを速報
3．日経平均先物、国債先物、為替先物の売り転換、買い転換タイミングを

速報

4．バフェット的発想による、日米の超有望成長株銘柄を情報提供

詳しい連絡は「㈱日本インベストメント・リサーチ」まで。

ＴＥＬ：〇三（三二九一）七二九一　ＦＡＸ：〇三（三二九一）七二九二

Ｅメール：info@nihoninvest.co.jp

「ダイヤモンド投資情報センター」

現物資産を持つことで資産保全を考える場合、小さくて軽いダイヤモンドは持ち運びも簡単で、大変有効な手段と言えます。近代画壇の巨匠・藤田嗣治は第二次世界大戦後、混乱する世界を渡り歩く際、資産として持っていたダイヤを絵の具のチューブに隠して持ち出し、渡航後の糧にしました。金《きん》だけの資産防衛では不安という方は、ダイヤを検討するのも一手でしょう。

しかし、ダイヤの場合、金《きん》とは違って公的な市場が存在せず、専門の鑑定士がダイヤの品質をそれぞれ一点ずつ評価して値段が決まるため、売り買いは金《きん》

に比べるとかなり難しいという事情があります。そのため、信頼できる専門家や取扱店と巡り合えるかが、ダイヤモンドでの資産保全の成否の分かれ目です。

そこで、信頼できるルートを確保し業者間価格の数割引という価格での購入が可能で、GIA（米国宝石学会）の鑑定書付きという海外に持ち運んでも適正価格での売却が可能な条件を備えたダイヤモンドの売買ができる情報を提供いたします。

また、資産としてのダイヤモンドを効果的に売買する手法をお伝えする、専門家によるレクチャーを二〇一八年一〇月一三日（土）に開催いたします。

ご関心がある方は「ダイヤモンド投資情報センター」にお問い合わせ下さい。

TEL：〇三（三二九一）六一〇六　担当：大津・加納

『浅井隆と行くニュージーランド視察ツアー』

南半球の小国でありながら独自の国家戦略を掲げる国、ニュージーランド。浅井隆が二〇年前から注目してきたこの国が今、「世界でもっとも安全な国」として世界中から脚光を浴びています。核や自然災害の驚異、資本主義の崩壊に備え、世界中の大富豪がニュージーランドに広大な土地を購入し、サバイバル施設を建設しています。さらに、財産の保全先（相続税、贈与税、キャピタルゲイン課税がありません）、移住先としてもこれ以上の国はないかもしれません。

そのニュージーランドを浅井隆と共に訪問する、「浅井隆と行くニュージーランド視察ツアー」を二〇一八年一一月に開催致します（その後も毎年一一月の開催を予定しております）。現地では浅井の経済最新情報レクチャーもございます。内容の充実した素晴らしいツアーです。ぜひ、ご参加下さい。

ＴＥＬ：〇三（三二九一）六一〇六　担当：大津

近未来の通貨を提案「ビットコイン（仮想通貨）クラブ」

動きが激しい分、上昇幅も大きく、特に二〇一七年は「仮想通貨元年」と日本で言われたこともあり、二〇一七年初めから一二月まででビットコインの価格は約二〇〇倍にもなっています。また、ビットコインに次ぐ第二番目の時価総額を誇る「イーサリアム」は、二〇一七年初めから同じく一二月までなんと約一〇〇倍にもなっています。このような破壊的な収益力を誇る仮想通貨を利用するための正しい最新情報を「ビットコイン（仮想通貨）クラブ」では発信します。

二〇一七年一一月スタートした「ビットコイン（仮想通貨）クラブ」では大きく五つの情報提供サービスをいたします。一つ目は仮想通貨の王道「ビットコイン」の買い方、売り方（ＰＣやスマートフォンの使い方）の情報。二つ目は仮想通貨の仕様や取り巻く環境の変更についての情報（分岐や規制、税制など）。三つ目は詐欺の仮想通貨の情報、四つ目は仮想通貨取引所の活用時の注意点についての情報。最後五つ目は仮想通貨のその他付属情報や最新情報です。

「ビットコイン（仮想通貨）クラブ」では、仮想通貨の上昇、下落についての投資タイミングの助言は行ないません。しかし、これまで仮想通貨は拡大を続けると同時にその価値を高めていますので、二、三年の中、長期でお考えいただくと非常に面白い案件と言えるでしょう。「よくわからずに怖い」という方もＰ

Cやスマートフォンの使い方から指導の上、少額からでも（たとえば一〇〇〇〇円からでも）始めることができますので、まずは試してみてはいかがでしょうか。
東京・大阪にて、年二回ほどセミナーを行なっております。
詳しいお問い合わせ先は「ビットコイン（仮想通貨）クラブ」
TEL：〇三（三二九一）六一〇六　FAX：〇三（三二九一）六九〇〇

浅井隆のナマの声が聞ける講演会

著者・浅井隆の講演会を開催いたします。二〇一八年は名古屋・一〇月一九日（金）、大阪・一〇月二六日（金）、東京・一一月二日（金）を予定しております。国家破産の全貌をお伝えすると共に、生き残るための具体的な対策を詳しく、わかりやすく解説いたします。

いずれも、活字では伝わることのない肉声による貴重な情報にご期待下さい。

第二海援隊ホームページ

また、第二海援隊では様々な情報をインターネット上でも提供しております。詳しくは「第二海援隊ホームページ」をご覧下さい。私ども第二海援隊グループは、皆様の大切な財産を経済変動や国家破産から守り殖やすためのあらゆる情報提供とお手伝いを全力で行ないます。

また、浅井隆によるコラム「天国と地獄」を一〇日に一回、更新中です。経済を中心に、長期的な視野に立って浅井隆の海外をはじめ現地生取材の様子をレポートするなど、独自の視点からオリジナリティ溢れる内容をお届けします。

ホームページアドレス：http://www.dainikaientai.co.jp/

改訂版!!「国家破産秘伝」「ファンド秘伝」必読です

浅井隆が世界を股にかけて収集した、世界トップレベルの運用ノウハウ（特に「海外ファンド」に関する情報満載）を凝縮した小冊子を作りました。実務レベルで基礎の基礎から解説しておりますので、本気で国家破産から資産を守りたいとお考えの方は必読です。ご興味のある方は以下の二ついずれかの方法でお申し込み下さい。

①現金書留にて一〇〇〇円（送料税込）と、お名前・ご住所・電話番号および「別冊秘伝」希望と明記の上、弊社までお送り下さい。

②一〇〇〇円分の切手（券種は、一〇〇円・五〇〇円・一〇〇〇円に限ります）と、お名前・ご住所・電話番号および「別冊秘伝」希望と明記の上、弊社までお送り下さい。

郵送先　〒一〇一―〇〇六二　東京都千代田区神田駿河台二―五―一
住友不動産御茶ノ水ファーストビル八階　株式会社第二海援隊「別冊秘伝」係
ＴＥＬ：〇三（三二九一）六一〇六　ＦＡＸ：〇三（三二九一）六九〇〇

〈参考文献〉

【新聞・通信社】

『日本経済新聞』『読売新聞』『朝日新聞』『ブルームバーグ』『ロイター』
『フィナンシャル・タイムズ』『ニューズウィーク』

【書籍】

『江戸時代の徳政秘史』（中瀬勝太郎　築地書館）
『蒙古襲来と徳政令』（筧雅博　講談社）
『歴史はおもしろい』（福岡大学人文学部歴史学科　西日本新聞社）
『戦国・織豊期の徳政』（下村信博　吉川弘文館）
『戦国期の特性と地域社会』（阿部浩一　吉川弘文館）
『ふところ手帖』（子母澤寛　中央公論新社）『坊っちゃん』（夏目漱石）
『朝日日本歴史人物事典』（朝日新聞出版）
『日本大百科全書』（小学館）『日本大百科全書』（ニッポニカ）
『百科事典マイペディア』『ブリタニカ国際大百科事典』『世界大百科事典』

【拙著】

『あと２年』（第二海援隊）『2020 年 世界大恐慌』（第二海援隊）
『有事資産防衛 金か？　ダイヤか？』（第二海援隊）
『元号が変わると戦争と恐慌がやってくる⁉』（第二海援隊）
『2020 年までに世界大恐慌　その後、通貨は全て紙キレに！〈上〉〈下〉』（第二海援隊）
『ギリシャの次は日本だ！』（第二海援隊）『浅井隆の大予言〈下〉』（第二海援隊）
『第２のバフェットかソロスになろう‼』（第二海援隊）
『2014 年日本国破産〈警告編〉〈対策編②〉〈衝撃編〉』（第二海援隊）
『いよいよ政府があなたの財産を奪いにやってくる⁉』（第二海援隊）
『小泉首相が死んでも本当の事を言わない理由〈上〉〈下〉』（第二海援隊）
『国家破産で起きる３６の出来事』（第二海援隊）

【論文・レポート】

『国債発行５０年の総決算 ―プライマリー・バランス分析決定版―』（米澤純一）
『戦後ハイパー・インフレと中央銀行』（伊藤正直・日本銀行金融研究所）
『財政赤字とインフレーション』（藤木裕・日本銀行金融研究所）
『アジア通貨危機とマレーシアにおける独自の金融政策』（近藤信一）
『アジア通貨危機におけるマレーシアの対応』（大野瑛介）
『アジア通貨危機に際してのマレーシアの対応』（内野好郎）
『アルゼンチンの通貨危機と今後の課題』（西島章次　神戸大学経済経営研究所教授）
『97 年アジア通貨危機　東アジア９ヶ国地域における背景と影響を分析する』（木村陸男、熊谷聡）
『マレーシアの資本移動規制の効果』（猪口真大）

【雑誌・その他】

『週刊ダイヤモンド』『経済トレンドレポート』


【ホームページ】

『ウィキペディア』『コトバンク』

『財務省』『日本銀行』『ＩＭＦ』『河野太郎』『AFP BB ニュース』

『ウォールストリート・ジャーナル電子版』『ダイヤモンド・オンライン』

『時事ドットコム』『現代ビジネス』『NNA ASIA』『日本神話・神社まとめ』

『歴史街道』『日本の歴史の面白さを紹介！日本史はくぶつかん』

『井伊美術館』『複利計算』『イミダス』『ＩＲＩＮ』『CATO INSTITUTE』

〈著者略歴〉
浅井　隆　（あさい　たかし）

経済ジャーナリスト。1954年東京都生まれ。学生時代から経済・社会問題に強い関心を持ち、早稲田大学政治経済学部在学中に環境問題研究会などを主宰。一方で学習塾の経営を手がけ学生ビジネスとして成功を収めるが、思うところあり、一転、海外放浪の旅に出る。帰国後、同校を中退し毎日新聞社に入社。写真記者として世界を股に掛ける過酷な勤務をこなす傍ら、経済の猛勉強に励みつつ独自の取材、執筆活動を展開する。現代日本の問題点、矛盾点に鋭いメスを入れる斬新な切り口は多数の月刊誌などで高い評価を受け、特に1990年東京株式市場暴落のナゾに迫る取材では一大センセーションを巻き起こす。その後、バブル崩壊後の超円高や平成不況の長期化、金融機関の破綻など数々の経済予測を的中させてベストセラーを多発し、1994年に独立。1996年、従来にないまったく新しい形態の21世紀型情報商社「第二海援隊」を設立し、以後約20年、その経営に携わる一方、精力的に執筆・講演活動を続ける。2005年7月、日本を改革・再生するための日本初の会社である「再生日本21」を立ち上げた。主な著書：『大不況サバイバル読本』『日本発、世界大恐慌！』（徳間書店）『95年の衝撃』（総合法令出版）『勝ち組の経済学』（小学館文庫）『次にくる波』（PHP研究所）『Human Destiny』（『9・11と金融危機はなぜ起きたか!?〈上〉〈下〉』英訳）『あと2年で国債暴落、1ドル＝250円に!!』『いよいよ政府があなたの財産を奪いにやってくる!?』『すさまじい時代〈上〉〈下〉』『世界恐慌前夜』『あなたの老後、もうありません！』『日銀が破綻する日』『ドルの最後の買い場だ！』『預金封鎖、財産税、そして10倍のインフレ!!〈上〉〈下〉』『トランプバブルの正しい儲け方、うまい逃げ方』『世界沈没――地球最後の日』『2018年10月までに株と不動産を全て売りなさい！』『世界中の大富豪はなぜＮＺに殺到するのか!?〈上〉〈下〉』『円が紙キレになる前に金を買え！』『元号が変わると恐慌と戦争がやってくる!?』『有事資産防衛　金か？　ダイヤか？』『第2のバフェットかソロスになろう!!』『浅井隆の大予言〈上〉〈下〉』『2020年世界大恐慌』『北朝鮮投資大もうけマニュアル』（第二海援隊）など多数。

この国は95%の確率で破綻する!!

2018年9月10日　初刷発行

著　者　浅井　隆
発行者　浅井　隆
発行所　株式会社　第二海援隊
〒101-0062
東京都千代田区神田駿河台２-５-１　住友不動産御茶ノ水ファーストビル８Ｆ
電話番号　03-3291-1821　　ＦＡＸ番号　03-3291-1820

印刷・製本／中央精版印刷株式会社

ISBN978-4-86335-192-9

Printed in Japan

乱丁・落丁本はお取り替えいたします。

第二海援隊発足にあたって

日本は今、重大な転換期にさしかかっています。にも関わらず、私たちはこの極東の島国の上で独りよがりのパラダイムにどっぷり浸かって、まだ太平の世を謳歌しています。

しかし、世界はもう動き始めています。その意味で、現在の日本はあまりにも「幕末」に似ているのです。ただ、今の日本人には幕末の日本人と比べて、決定的に欠けているものがあります。それこそ、志と理念です。現在の日本は世界一の債権大国（＝金持ち国家）に登り詰めはしましたが、人間の志と資質という点では、貧弱な国家になりはててしまいました。それこそが、最大の危機といえるかもしれません。

そこで私は「二十一世紀の海援隊」の必要性をぜひ提唱したいのです。今日本に必要なのは、技術でも資本でもありません。志をもって大変革を遂げることのできる人物と、それを支える情報です。まさに、情報こそ〝力〟なのです。そこで私は本物の情報を発信するための「総合情報商社」および「出版社」こそ、今の日本にもっとも必要と気付き、自らそれを興そうと決心したのです。

しかし、私一人の力では微力です。ぜひ皆様の力をお貸しいただき、二十一世紀の日本のために少しでも前進できますようご支援、ご協力をお願い申し上げる次第です。

浅井　隆